MANESSE BÜCHEREI

47

Joachim Fest
Wege zur Geschichte

Über Theodor Mommsen, Jacob Burckhardt und Golo Mann

Mit einem Vorwort von
Christian Meier

Manesse Verlag
Zürich

Inhalt

Christian Meier
Begegnung mit vier Historikern

Leidend und groß sei das Jahrhundert gewesen. «Wir Heutigen, beansprucht wie wir sind von Aufgaben, die an Neuheit und Schwierigkeit allerdings ihresgleichen suchen», hätten keine Zeit und wenig Lust, ihm Gerechtigkeit widerfahren zu lassen. Von seinem «wissenschaftlichen Stolz» spricht Thomas Mann, man schreibt das Jahr 1933, der kompensiert, ja überwogen worden sei von seinem Pessimismus. Womit dann ein «Zug und Wille zum großen Format» zusammenhänge. «Welche Riesenlasten wurden damals getragen, *epische* Lasten, im letzten Sinn dieses gewaltigen Wortes.»
Es war zugleich das Jahrhundert der gerade neu entdeckten Geschichte, einer Geschichte, in der alle Verhältnisse der Welt begriffen waren – und der Geschichtsschreibung. «Man übertreibt kaum mit der Behauptung, daß die bedeutende deutsche Literatur des 19. Jahrhunderts ganz überwiegend Gelehrtenprosa ist; die Prosa vor allem von Historikern», heißt es bei Joachim Fest in den «Polemischen Überlegungen zur Entfremdung von Geschichtswissenschaft und Öffentlichkeit», die er unter dem Titel «Noch einmal: Abschied von der Geschichte» veröffentlicht hat.
Dieses Jahrhundert liegt weit zurück – so weit, daß man ihm inzwischen durchaus Gerechtigkeit wider-

fahren lassen kann; was ja auch geschieht. Um die Gelehrtenprosa der deutschen Historiker steht es, wenn man von Ausnahmen absieht, schon lange schlecht. Und das nicht nur, weil es sehr viel bedeutendere andere Prosa gibt, sondern auch, weil die Historiker ihre Wissenschaft so sehr von den Methoden her zu bestimmen gelernt haben, daß das Ganze ihres Gegenstands sie höchstens noch als Alptraum heimsucht; «Fußnotenseligkeit» (J. Fest), Wissenschaft als Betrieb, wenn nicht am Fließband, ist zur Regel geworden. «Großforschung» (Mommsen). Verzunftung. Es geht sehr viel mehr um das Beleg-, das Begründbare als – leider muß man das so trennen – um die Sache.

Was immer den Historiker daran tief im Persönlichen anrührt, beunruhigt, ängstigt; wie sehr immer er geradezu getrieben sein mag, seiner Sache eine Form zu geben, in seiner Einsamkeit, seiner Orientierungslosigkeit, seinem Aug-in-Auge mit dem «Chaos-Drachen» (Golo Mann) – das muß er nicht nur zurückdrängen, disziplinieren, sondern er darf es eigentlich gar nicht erst hochkommen lassen. Denn es stört den Betrieb. Und wenn er sich gar ein wenig auf Stil verstünde, so wäre es um so schlimmer. Was sollen da die Kollegen sagen? Ja, was sagen sie da?

Außenseiter seien es, so Fest, von denen nahezu alle Versuche, die Geschichte der letzten Jahrzehnte oder wichtiger Teile davon im Zusammenhang darzustellen, stammten; Historiker, die dem Wissenschaftsbetrieb nicht angehörten. Der Jurist Erich Eyck, der Althistoriker (und Emigrant) Arthur Rosenberg werden erwähnt, weiter fallen einem auf Anhieb Sebastian Haffner und nicht zuletzt Joachim Fest selber ein. Ob Theodor Mommsen, als er die «Römische Geschichte» abfaßte, noch als Außenseiter anzusehen ist (wie Fest auch meint), mag dahinstehen. Ganz falsch wird es nicht sein. Allemal aber gilt es von Jacob Burckhardt und Golo Mann.

Die Studien über sie, die dieser Band vereinigt, lesen sich zwischen den Zeilen als Werbung für ein neues Verhältnis zwischen Geschichtswissenschaft und Öffentlichkeit. Schon Burckhardt hatte beklagt, daß Historiker vor allem für Historiker schreiben. In einer neueren Äußerung heißt es: «Es sollte nicht dazu kommen, daß Wissenschaften Riesenmaschinen gleichen, deren Ausstoß nur dazu da ist, andere Maschinen zu füttern, deren Produkte ebenfalls außerhalb des Betriebs nicht gefragt sind.» Wie wenn es nicht längst, zumindest annäherungsweise, dazu gekommen wäre! Aber es geht nicht nur um die Öffentlichkeit, sondern – und zwar im gleichen Takt – um die Sache selbst, der man spezialistisch um so weniger beikommen kann, je weiter historische Fragen in die Tiefe dringen. Es geht um das Verhältnis des Historikers zu seiner Sache und zu seiner Gegenwart.

Doch sind die drei Studien natürlich weit mehr als nur ein Programm. Sie sind in erster Linie Versuche, der Historie von drei bedeutenden Geschichtsschreibern auf die Spur zu kommen. Und sie sind nicht zuletzt auch als Selbstzeugnisse des vierten, der im Spiel ist, des Historikers Fest, zu lesen.

Vielleicht darf man an dieser Stelle aus der Vielzahl der Fragen, zu denen sie anregen, einige herausgreifen und ein Stück weit verfolgen, indem man etwas tut, was die Studien selbst ihren Anlässen gemäß nicht konnten, nämlich die drei Historiker miteinander vergleicht.

Theodor Mommsen und Jacob Burckhardt, geboren 1817 und 1818 im Abstand von weniger als einem halben Jahr. Beide aus dem Pfarrhaus, der eine aus einer Kleinstadt im damals dänischen Holstein, der andere vom Münsterberg im schweizerischen Basel. Ähnliche Generationserfahrungen, mehr oder weniger der gleiche humanistische Bildungshintergrund. Beide, wenn auch an verschiedenen Orten und mit ganz verschiedenen Schwerpunkten, der deutschen historischen Schule verpflichtet; sie hatten übrigens auch einen ihrer Lehrer gemein, und das war kein Geringerer als Johann Gustav Droysen.

Getroffen scheinen sie sich nicht zu haben, obwohl sie im gleichen Jahr 1855 beide in Zürich Professoren waren; aber der eine hatte seine Zelte wohl schon abgebrochen, als der andere kam (und Burckhardt wäre, nach Werner Kaegis Vermutung, Mommsen wohl eher ausgewichen; ihr Urteil über die damaligen deutschen Emigranten war gar nicht so unterschiedlich, nur könnte Burckhardt Mommsen in das seine einbezogen haben).

Jeder der beiden hat für eine der großen antiken Epochen die klassische historische Darstellung in deutscher Sprache verfaßt; hier wie dort der Zug und Wille zum großen Format, hier wie dort eine geradezu enzyklopädische Umfassung des Stoffes. Beide nicht nur große, bedeutende Historiker, sondern auch begnadete Schriftsteller.

Doch die Unterschiede, ja Gegensätze zwischen ihnen hätten, bei so viel Gemeinsamkeit, kaum größer sein können. Mag sein, daß sie anfangs, während der Studentenjahre und bald darauf, gar nicht so groß gewesen sind. Sie haben jedenfalls viel mit dem Fortschreiten des Jahrhunderts zu tun und mit den Positionen, die der eine und der andere darin einnahmen.

Kaum ein größerer Gegensatz *in litteris* – wenn man hier von den *politicis* schweigen darf – als der, der sich zwischen Berlin und Basel damals, etwa seit den sechziger Jahren, auftat. Das eine von ungeheurer Dynamik platzend, planend, in großem Stil den Fortschritt der Wissenschaft betreibend, nicht zuletzt unter Mommsens Führung, von dem man sagte, daß er die Altertumswissenschaft ganz ähnlich organisiert habe wie der preußische Generalstab die Armee. Das Ergebnis zum einen sowohl die großen Corpora der Inschriften, der Münzen etc. wie eine Fülle methodisch immer anspruchsvollerer, teils kleiner, teils großer Spezialistenarbeiten (zu denen immerhin auch Mommsens klassische Darstellung des «Römischen Staatsrechts» gehörte). Zum andern jene Veränderung im geistigen Status derer, die diese Wissenschaft betrieben.

Mommsen hat sie 1883 bei der Feier seines fünfzigsten Doktorjubiläums resignierend mit den Worten beschrieben: «Unser Werk lobt kein Meister, und keines Meisters Auge erfreut sich an ihm; denn es hat keinen Meister, und wir sind alle nur Gesellen ... Wir klagen nicht und beklagen uns nicht; die Blume verblüht, die Frucht muß treiben. Aber die Besten von uns empfinden es, daß wir Fachmänner geworden sind.» Mommsen brauchte im Kreis seiner Hörer nicht hinzuzusetzen, daß man in den «Fachmännern» die griechischen «Banausen» mitzuhören hatte. 1895 spricht er von einem «schweren und mit den Jahren immer sich steigernden Druck»! Je mehr aber in Berlin und von Berlin aus ins Werk gesetzt wurde, so hat man fast den Eindruck, um so mehr zog sich Burckhardt in eine Art Schneckenhaus zurück. Ohnehin war Basel ein idealer Beobachtungsposten, unmittelbar zu Deutschland wie zu Frankreich hin gelegen und doch außerhalb ihrer. Aber diese Stadt ermöglichte ihm zugleich in jener vorandrängenden, erschreckend rücksichtslosen Zeit und in der Welt der gelehrten Apparate, der «archivalischen Forschungen, womit die Geschichte ... ist verumständet worden», seine eigenen Wege zu gehen: Die Woge trieb ihn im Strudel dahin, und er hatte trotzdem «den Trost, daß es ja lauter tägliche Amtspflichten sind».

All das, was da so papierrasselnd (und gelegentlich ja auch mit ganz schönem Imponiergehabe) daherkam, Aufmerksamkeit für Spezielles und immer Spezielleres heischte, konnte er beiseite lassen und bewußt den Generalisten spielen, auch den Dilettanten. Genaugenommen war er es nur zusätzlich, denn er war ja durchaus ein glänzender, bis ins Spezielle sich auskennender Gelehrter, der seine literarischen und bildlichen Quellen immer neu und immer eingehender studierte und sie am Ende in einer Weise zu Zusammenhängen fügte, daß er in die Lage kam, seine großen historischen Darstellungen zu geben – freilich seit den späten sechziger Jahren nurmehr für seine Studenten und für das Basler Publikum.

Außenseiter mögen sich noch so stolz bestreben, mit sich allein zu sein: Wenn sie nicht gleich über alle Stränge schlagen wollen, brauchen sie irgendwo einen Rückhalt, und den eben fand Burckhardt auf nahezu ideale Weise in dem Stadtstaat, dem er von Haus aus zugehörte und dessen Universität ihm schließlich als nicht nur irdisch wünschbar, sondern metaphysisch notwendig erscheinen konnte.

In diesem Basel durfte die Wissenschaft patrizisch, aristokratisch bleiben, während sie in Deutschland egalitär wurde (was freilich nicht die Rangabstufungen zwischen denen, die sie betrieben, betraf – da war es eher umgekehrt, wie man sich ja auch denken sollte). Wilamowitz mochte in einem Anflug gut berlinischer Verblendung von der «Griechischen Kulturgeschichte» meinen: «Dies Buch existiert nicht für die Wissenschaft.» Indes gab es auch andere Stimmen. In Wirklichkeit hatte offenbar jede der beiden Arten, Wissenschaft zu treiben, ihre Mängel und großen Gefahren. Wo diese zu sehr ins einzelne ging, gewann jene ihren Reichtum im Universalen nur durch manche Vernachlässigung.

Dort las man sich leicht «in irgendeiner Specialforschung blind und taub»; die Universität hätte Mühe, jüngere Gelehrte zu finden, die das nicht getan hätten, meinte man in Basel. Andererseits – wie wollte man das Generelle, das Universale einer «Zunft» aufgeben, wo doch immer nur wenige ihm gewachsen sein können? Vorübergehend konnte die «allgemeine Bildung» der Spezialisierung nicht gerade ein Gegengewicht, aber doch ein Komplement sein. Doch auf die Dauer?

Mommsens «Römische Geschichte» stammt nicht aus Berlin, sondern aus den Leipziger, Zürcher und Breslauer Jahren (1849–1856), und trotzdem unterscheiden sich Burckhardt und er auch in ihren Geschichtsentwürfen, ihren Interessen, In-Eins-Setzungen und Involvierungen in die Sache, ganz entsprechend den verschiedenen Ansätzen, für die uns Berlin und Basel stehen.

Mommsens «Geschichte», einer der größten Bucherfolge im Genre großer Geschichtswerke, war für sein Publikum auf eine kaum nachzuvollziehende Weise erfreulich. Nicht nur durch ihren farbigen Stil, ihr ganzes Temperament, sondern weil sie die Saiten anklingen ließ, in denen dieses Jahrhundert seine Kraft, seinen Willen und seine Hoffnung fand. Ein ungeheurer Realismus scheint die ganze Darstellung zu durchwalten, aus vielen ihrer Sätze könnte man ein ganzes Lehrbuch der Politik zusammenstellen.

Und trotzdem ist das Ganze von einer einzigen großen Illusion erfüllt, daß nämlich die Personen stets die Einsicht, die Macht und den Spielraum besitzen können, die sie brauchen, um ihre Situationen zu meistern. Im Bild Caesars geraten diese Erwartungen vollends ins Wunderbare. Und aus dieser Illusion erwächst jener großartige schriftstellerische Habitus, mit dem der Autor seinen Personen stets aus dem Nachhinein sein Wissen mitteilt, so daß er ihr Versagen mit allem Spott, allem Hohn, allem Sarkasmus (an denen der Leser teilnehmen darf) geißelt, zugleich ihre Leistung hervorhebt, um ihnen schließlich vielleicht, ritterlich wie er ist – Joachim Fest zeigt dies besonders schön –, am Ende ein Stück Tragik zuzubilligen. Das Illusionäre aber vermag als solches nicht zu erscheinen; da ist der «Realismus» vor.

Mit Ungeduld folgt Mommsen der Geschichte, er treibt sie gleichsam voran, selbst stets auf das Neue, das Kraftvolle, das Frische erpicht, das er einfordert – und das ihm notwendig erscheint, da das Alte doch allzu rasch, trotz all seiner Größe, morsch zu werden pflegt. Ein Handlungs-, ein Möglichkeitsoptimismus sondergleichen; eine Klarheit, wie sie selbst der Föhn im Alpenvorland kaum je hervorbringt. Ein «Ganzes, das keine Sprünge hat und keine Halbheiten kennt» (Alfred Heuß).

Wie völlig anders das Bild, das Burckhardt zeichnet; und offenbar nicht nur, weil er, als er es tut, nicht mehr in den Dreißigern, sondern in den Fünfzigern und Sechzigern ist. Nie, wie bei Mommsen, eine Menschheit, der sich Aufgaben stellten, sondern ein überaus schwieriger, überaus kostenträchtiger Prozeß aus Wirkungen und Gegenwirkungen, auch aus Nebenwirkungen, dessen Sinn ganz im dunkeln bleibt. Nicht der Gang der Geschichte das eigentliche Interesse, schon gar nicht die Ereignisse. Kein Vorwärtsdrängen, kein ungeduldiges Erwarten des Neuen; was könnte es schon an Besserung bringen? Drei der vier Bände der «Griechischen Kulturgeschichte» sind systematisch und nur innerhalb der Kapitel, zumeist, historisch gegliedert, erst der vierte folgt der Geschichte und ist doch wiederum eine Abfolge von Querschnitten. Das Vorstellen, Sehen, Hören, Formen, das Glauben, das Urteilen, das Denken im Vordergrund – und wo es um den Ablauf geht, stets neben den Tätern die Opfer im Auge, die «Summe von Verzweiflung und Jammer», und dann auch die Frage nach dem «unserer Ahnung zugänglichen Trost». Überall die Taxation nach Glück und Unglück. Die Zeit des Perikles «vollends ein Zustand, dessen Mitleben sich jeder ruhige und besonnene Bürger unserer Tage verbitten würde…, selbst wenn er nicht zu der Mehrzahl, den Sklaven… gehörte»; wobei Burckhardt freilich nicht hinzuzufügen vergißt, daß dennoch ein Gefühl des Daseins in den damaligen Athenern gelebt haben müsse, das keine Sekurität der Welt aufwiegen könne.

Eigenartig, daß gerade der Patrizier, der Aristokrat so sehr die Leidenden im Auge hat. Daß er übrigens auch schon von der törichten Manier spricht, auf die wir die Zukunft binden, «indem wir im Namen des Fortschritts für die kommenden Geschlechter Schulden machen». Es muß mit seiner Position zusammenhängen. Was Guizot von Tocqueville gesagt hat, läßt sich *mutatis mutandis* auch auf Burckhardt anwenden: *C'est un vaincu qui accepte sa défaite*. Denn auch wer derart in Frage gestellt ist, mitsamt dem Alten Europa, dem er sich zugehörig fühlt, kann damals als Besiegter gelten. Und obschon, wie Mommsens Beispiel zeigt, auch diejenigen, die sich auf der Seite der als Fortschritt verstandenen Geschichte fühlen, befähigt sind, klassische, großartige Geschichten zu schreiben, so haben die Besiegten *ceteris paribus* doch noch einiges mehr dabei aufzuwenden: Sie müssen verstehen, was ihnen – und was zu ihnen – nicht paßt und was doch geschieht und vor allem: als Wirklichkeit sich einführt. Sie müssen auch an sich selber (und ihren Kategorien) arbeiten, um es anzunehmen – so daß es dann, wenn sie's verstehen, ganz anders verstanden wird, als wenn einer ohnehin damit akkordiert.

So kam der, der skeptisch das Neue beobachtete, indem er am Alten hing, dazu, eine Geschichte zu konzipieren, die zwar gegen ihre Zeit, aber dafür mehr zugunsten einer kommenden Zeit war als diejenige dessen, der so kühn vorandrang. Wenigstens will es mir so scheinen, und die Aktualität des anthropologischen Interesses an Geschichte läßt sich immerhin dafür zitieren.

Und so konnte denn auch, wo Mommsen, wie im Folgenden nachzulesen, von den Riesenlasten fast erdrückt worden ist, Burckhardt letztlich zur Heiterkeit des Erkennens gelangen – bei manchen Schrulligkeiten und Skurrilitäten, die er Basel schuldete. Während der Meister der neuen Geschichtswissenschaft sich immer mehr als Geselle wiederfand, konnte sein Basler Kollege «diesem ganzen Wesen, dem wir als Menschen einer bestimmten Zeit unvermeidlich unsern passiven Tribut bezahlen», in einiger Souveränität «beschauend» gegenübertreten; konnte sehen, weise für immer zu werden. Wenn Historie, wie Polybios zuerst gesehen hat, ein besonderes Mittel ist, um Geschichte auszuhalten, so konnte sie Burckhardt dazu dienen, durch Erkenntnis «Freiheit mitten im Bewußtsein der enormen allgemeinen Gebundenheit und des Stromes der Notwendigkeiten» zu gewinnen. Er brauchte die Historie – für sich.

Hinter diesen Unterschieden aber wird letztlich noch eine Jahrhundert-Gemeinsamkeit sichtbar: Geschichte schien eine Richtung zu haben, den einen lieb, den andern bitter: Jene wußten sehr wohl, worauf sie hinauswollte, und diese mußten sehen, wie sie sich damit abfanden. Beide hatten sich darauf einzustellen.

Wenn die Weise, auf die einer Historie schreibt, stets von der Zukunft bestimmt wird, die er erhofft oder befürchtet, so war diejenige Burckhardts dadurch gekennzeichnet, daß er sich – und seine Hörer – für sie zu wappnen suchte, weil er sich allein ihr gegenüber sah, während Mommsen mitsamt seiner ganzen Zeit in sie vordringen wollte.

Unsere Zeit dagegen, «die Zeit, in der dies niedergeschrieben wird, ist ratlos und ideenmüde; sie weiß nicht, worauf sie hinauswill. Folglich scheint alles in ihr möglich», so liest man es in Golo Manns «Deutscher Geschichte». Geschichte zu betrachten, zu schreiben, Position zu ihr zu nehmen, ja sich ihr gegenüber zu behaupten – das mußte für den 1909 Geborenen etwas total anderes sein.

Denn was war es damit nach Auschwitz? Wo die ganze Menschheit besiegt, in Frage gestellt war. Wo, wie man doch hoffen soll, das Äußerste geschah, worunter nachwirkend alle, nicht nur die Nachfahren der Täter und der Opfer, zu leiden haben.

Was, wo dann, was speziell die «Deutsche Geschichte» angeht, die Besiegten des Krieges sich mit den Siegern eher in eine Reihe stellten, und ja auch stellen durften, als ihre Rolle wirklich auszukosten; wo sie die Anerkennung des eigenen Unrechts sich gar nicht abzuringen brauchten, weil sie sie ziemlich Knall auf Fall einfach vollzogen, um künftig möglichst wenig damit zu tun zu haben, um es auszugrenzen aus sich, wie übrigens sich aus ihm?

Und es fragt sich ja auch, wie Geschichtsschreibung überhaupt möglich ist, wo Wissenschaft als Betrieb soviel weiter fortgeschritten ist als im 19. Jahrhundert und auch das Gegengewicht einer halbwegs universalen Bildung nicht mehr vorhanden ist – oder, soweit es vorhanden ist, nicht mehr ausreicht, da die Welt der Geschichte inzwischen den ganzen Globus umfaßt.

Wie soll schließlich ein Historiker vor den Anforderungen unserer Zeit bestehen, da die existentielle In-Frage-Stellung soviel weitergeht und es kein

«Basel» mehr gibt, in dem man für eine souveräne Geschichtswissenschaft einen Rückhalt findet, da gegenüber dem, was etwa für Burckhardt «allerbitterstes und furchtbarstes Schicksal» war (etwa die Emigration eines Italieners in eine ihn freundlich aufnehmende Schweiz), heute nur ein Achselzucken des «Eure Sorgen möcht' ich haben» möglich ist?

Kann man da überhaupt noch Geschichte zusammenhängend darstellen, und so, daß sie in all ihrer Vielfalt, ihrer Buntheit, ohne daß etwas Wesentliches fehlt, mithin als ein Ganzes ihre Form gewinnt; und so, daß sie einem breiteren Publikum zu vermitteln ist (was ja insgesamt aufs gleiche hinausläuft)? Muß nicht mindestens eine geheime Annahme von Sinn und Richtung einem solchen Unternehmen zugrunde liegen?

Es ist erstaunlich, aber wie Golo Manns Werk zeigt, kann man es. Was immer das Elternhaus dazu beigetragen hat, Fest hat dazu das Nötige gesagt, was immer die Emigration, der Kontakt mit angelsächsischer Wissenschaft, das mag hier dahinstehen. Wichtiger an der Emigration scheint jedenfalls zu sein, daß er sich zwischen 1933 und 1945 außerhalb des Landes befand, nicht im geringsten also an dessen namenlosen Untaten teilhatte. Aber das alles waren ja nur Bedingungen der Möglichkeit.

In der «Deutschen Geschichte» liest man zu seiner, von heute her gesehen, großen Überraschung, Mann habe *Freude* an der deutschen Geschichte zu wecken versucht durch die Vergegenwärtigung von Ereignissen, Szenen, Gestalten, «selbst da noch, wo sie in ihrer Gegenwart so ganz erfreulich nicht waren». Wobei freilich unser Jahrhundert eine Ausnahme sei, und *ein* Kapitel daraus eine «besondere, schwarze Ausnahme».

Gewiß sind es Kunst, Phantasie und ganz besonders, wie von Joachim Fest mit gutem Grund ins Zentrum gerückt, ein starker Gerechtigkeitssinn; Urteilskraft, möchte man hinzufügen, ja Güte, was hier am Werk ist.

Gewiß ist auch im Spiel, was Golo Mann zu einem «verhinderten Erzähler» macht; wobei die Verhinderung das Interessante ist, das Problem nämlich, wie sie sich aus mangelnder Erfindungsgabe und aus der Freude an der Begegnung mit vergangenem Leben mischt – so daß einem dann nichts übrigbleibt, als wahre Romane mit Lücken zu schreiben.

Ich weiß nicht, ob jemand weiß, was vergangenes Leben so ungeheuer faszinierend macht. Warum man als Historiker, als historisch Interessierter immer wieder wie die Fliege vom Licht von diesen Toten und ihren Verhältnissen attrahiert wird; ihr längst verflossenes Handeln, Denken, Fühlen, Vorstellen, ihr Irren, ihr Leiden, ihre Verzweiflung neu mit Leben erfüllen muß. Warum man so getrieben ist, sich unter sie zu mengen. Woher diese kuriose Wirklichkeitslust erwächst, die zugleich im Wortsinn eine Passion zu sein scheint, weshalb sie den Abstand, das Vergangensein braucht. Und das alles unbeschadet der Tatsache, daß man, als Historiker, seine Wissenschaft treibt, daß man seinem Gegenstand distanziert begegnet – und unter Umständen auch durchaus theoretisch – und seiner Gegenwart damit zu nutzen sucht. Schließlich gehört zu jener Passion auch die Orientierungsnot.

Einer der Gründe wird wohl dieser sein: So viel wir unter Umständen, bei aller Kritik, bei aller Selbstkontrolle, in sie hineinlegen, so sehr wir, bei allem bewußt eingehaltenen Abstand, mit ihnen vertraut zu werden versuchen – sie bleiben doch andere, sie leisten uns durch ihre, wenn auch vergangene Wirklichkeit einen andern Widerstand, sie fordern ganz anders unseren kriminalistischen Spürsinn heraus, als das Gestalten unserer Phantasie tun könnten. Aber es kommt sicher auch ein anderer Grund hinzu: daß nämlich unter den Affekten, die Historiker in die Geschichte weisen, nicht zum wenigsten die Trauer zu vermerken ist. Trauer nicht zuletzt als Solidarität der Sterblichen, also der Lebenden mit den Vorangegangenen. Und daß Trauer nicht ohne Liebe sein kann. Damit steht es heute vermutlich anders als noch bei Jacob Burckhardt, dessen Interesse für die Leidenden sich eher als eine, obzwar resignativ getönte, Empörung äußerte.

Die Trauer aber richtet sich besonders auf die Vergeblichkeit und das immer wieder neue Sich-Aufraffen, jenes ungeheuerliche und nicht nur in den Personen, sondern auch in den Geschehnissen überaus zwielichtige Schauspiel menschlicher Behauptung, das sich dann mitunter geradezu ausnehmen mag wie ein Triumph über die Trauer selbst; wenn auch oft genug unter tragischen Umständen. Andere mögen weitere Gründe wissen.

Wenn sich dies alles mit der Souveränität, der Freiheit eines bedeutenden Historikers verbindet, in langer Arbeit aus der unüberblickbaren Fülle des Überlieferten und des Erforschten die wesentlichen Linien herauszuarbeiten, im Wunsch und mit der Fähigkeit, das Ganze zu einem Bild zu formen, dann offenbar vermag auch dieses Jahrhundert – mit vermindertem wissenschaftlichen Stolz und einem in notgedrungen größerer Gelassenheit abgefederten Pessimismus – große Geschichtswerke hervorzubringen.
Diese Geschichtsschreibung wird der Wirklichkeit gerecht, indem sie bescheidener ansetzt. Da darf nichts sein von dem gewaltigen Strom einer vorwärtsdrängenden Geschichte, in dem sich dem «Geschlecht der Menschen . . ., sowie es am Ziele zu stehen scheint, die alte Aufgabe auf weiterem Feld und in höherem Sinne neu» stellt wie bei Mommsen. Und da darf es nicht um die große, alle Gebiete umfassende Darstellung eines ganzen Volkes anhand seiner Kulturgeschichte und unter Vernachlässigung der Ereignisse gehen; es muß dies auch nicht, weil Geschichte heute sich nicht gegen so große Ansprüche zu behaupten hat. Da ist vielmehr nur eine Geschichte möglich, die den Menschen nur so viel abverlangt, wie sie leisten können – das freilich in aller Entschiedenheit –, die dem Geschehen gerade auch in seiner Zufälligkeit, seiner Begrenztheit, seinen vielen Aporien nahekommt.
Golo Mann hält sich in einer Weise, wie wohl keiner sonst, auf der Bühne auf. Man sieht nicht nur

das Geschehen, sondern auch den Autor in ständiger Bewegung, alles von wechselnden Seiten betrachtend, auch in verschiedene Beleuchtungen rükkend, sich stets mit seinem Publikum ins Benehmen setzend; somit auch die Gründe vorweisend, die ihn zu diesem oder jenem – und oft genug zu diesem und jenem – Urteil veranlassen; und dann immer wieder vor dem geheimnisvoll Bleibenden innehaltend. Da sind die Grenzen des Historikers deutlich markiert, aber innerhalb dieser Grenzen alles derart belebt und derart erfüllt, daß ein Ganzes herauskommt, soweit es möglich ist, ein Zusammenhang, nicht unbedingt ein Sinn. Insgesamt erscheint es als Sisyphus-Arbeit, den Deutschen Freude an ihrer Geschichte zu vermitteln. Auch wenn man sich noch erst in den sechziger Jahren befand und der Abstand, mit dem das Entsetzliche größer statt kleiner wird, noch geringer war.

Natürlich könnte man den Vergleich zwischen den drei Historikern und insbesondere auch die Reflexion über die Möglichkeit – und die Notwendigkeit – von Geschichtsschreibung im 20. Jahrhundert sowie über die Frage, wie sie zu leisten ist, noch immer weiter fortsetzen. Allein, es sollten hier ja nur ein kleines Stück weit die Wege begangen und weitergegangen werden, die in den drei folgenden Essays angelegt sind.

Es sollte nur in dürren Andeutungen ein wenig vorweggenommen werden von dem, was folgt; indem einige wenige der Themen dieses Buches angeschlagen werden, dessen Reichtum sich dem Leser jetzt erschließen soll, der Reichtum der Begegnung eines Historikers – und Schriftstellers – mit drei anderen. Und es sollte dem Autor ein Dank gesagt werden in der Form des Aufnehmens und teilweise auch der Fortsetzung seiner Gedanken und seiner Anregungen. Es ist ein spannendes Gespräch, in das er gerade den, der seine Essays im Zusammenhang liest, verwickelt.

Wie soll ich schließen? Vielleicht mit einem Zitat aus Fests Burckhardt-Essay: «Womöglich ist der Anachronismus, der ihm verschiedentlich vorgeworfen wurde, nichts anderes als die aus aller Zeitgenossenschaft immer heraustretende Unabhängigkeit des Denkens»? Denn es sollte in dieser Einführung ja auch vom vierten Historiker, der hier im Spiel ist, einmal etwas unvermittelter die Rede sein. Vielleicht aber auch mit Burckhardt selbst: «In den Wissenschaften dagegen kann man nur noch in einem begrenzten Zweige Meister sein, nämlich als Specialist, und irgendwo *soll* man dieß sein. Soll man aber nicht die Fähigkeit der allgemeinen Übersicht, ja die Würdigung derselben einbüßen, so sei man noch an möglichst vielen andern Stellen Dilettant, wenigstens auf eigene Rechnung, zur Mehrung der eigenen Erkenntniß und Bereicherung an Gesichtspuncten, sonst bleibt man in allem, was über die Specialität hinausliegt, ein Ignorant und unter Umständen im Ganzen ein roher Geselle»?

Pathetiker der Geschichte und Baumeister aus babylonischem Geist

Theodor Mommsens zwei Wege zur Geschichte

Niemand entkommt seiner Zeit. Wenn es richtig ist, daß die größten Männer mit ihrem Jahrhundert durch eine Schwachheit zusammenhängen, so gilt das für die Stärke auch. Zu der von Irritationen nicht freien Anziehungskraft, die das 19. Jahrhundert inzwischen ausübt, gehört, was der Gegenwart verloren ging: sein ins Große gerichteter Wille, die Energie ins Monumentale, der Hang zu gewaltigen Projekten und unerhörten Vorhaben. Balzac plante die «Comédie humaine» auf mehr als zweihundert Bände, Ranke den aus genauester Detailforschung sich erhebenden Riesenbau einer Weltgeschichte, Richard Wagner «Das Gesamtkunstwerk»: alles Unmaß, alles Parforce und über Menschenkraft hinaus. Und wie im Kulturellen verhält es sich im Materiellen mit der expansiven Tüchtigkeit der Epoche, ihrem Ehrgeiz nach neuen Entdeckungen und immer weiteren Räumen.

Vieles blieb, so über jede Proportion hinaus erdacht und gewollt, im Ansatz stecken und nur halbvollendet: weitgezogene Fundamente oder grandiose Steinbrüche, aus denen sich, in Abwandlung eines Wortes von Fichte, spätere Jahrhunderte Häuser bauen konnten. Die Bibliographie Theodor Mommsens umfaßt mehr als fünfzehnhundert Titel, darunter Werke wie «Das römische Staatsrecht» oder «Das römische Strafrecht», die in der gesamten historischen Forschung nicht ihresgleichen haben; und in der Literatur der zweiten Jahrhunderthälfte gibt es kaum etwas, das in seinem sprachlichen Rang, der plastischen Vergegenwärtigungskraft sowie seiner konzeptionellen Weite und Geschlossenheit: mit einem Wort dem, was man großen Stil nennt, der «Römischen Geschichte» an die Seite zu stellen wäre.

Und doch kann man sagen, daß die Wissenschaftsgeschichte kein Lebenswerk verzeichnet, das so unfertig und, bei aller Tendenz zum Kolossalischen, so bruchstückhaft geblieben ist wie dasjenige Mommsens. Nur seine kategorische Persönlichkeit, die Überlegenheit seines Interesses sowie seine ubiquitären Kenntnisse haben diesen Sachverhalt verdeckt. Zu fragen wäre, um welchen Preis.

Mit ihm ging ein enzyklopädisches Zeitalter zu Ende. Schon als junger Rechtshistoriker betrieb er zugleich ein ausgedehntes philologisches Studium, bildete zusammen mit Theodor Storm und seinem Bruder Tycho einen Dichterzirkel, der ein «Liederbuch der Freunde» (1843) publiziert, übersetzte Shakespeare und Byron, Carducci und Victor Hugo. Darüber hinaus widmete er sich der Geschichte, doch betrachtete er sie als Ergänzungswissenschaft zum Studium des alten Rechts und der Philologie. In ihm präsentierte sich die Altertumswissenschaft, wie sie zu jener Zeit noch ohne jede spezialisierende Bezeichnung hieß, noch einmal als Einheit, als umfassendes, alle Lebensbereiche von der Sprache bis zum Recht, von der Literatur bis zur Wirtschaft einschließendes Ganzes; mit ihm und nicht zuletzt durch ihn bricht sie aber auch auseinander.

Man ist mit diesem Hinweis fast schon im Zentrum des Mommsenschen Lebensproblems. Die Vielseitigkeit seiner Interessen und Begabungen, seine Strenge im Detail und seine Fähigkeit zu weitestem Überblick, seine Forscherpassion und seine darstellerische Kraft: mit alledem war er zum Geschichtsschreiber wie geschaffen. Und wenn er in einer berühmten Rede bemerkt hat, daß der Historiker neben einer Vielzahl von Kenntnissen auch und vor allem Unerlernbares benötige, nämlich Phantasie, Künstlertum, Genie, so kann man davon ausgehen, daß er sich selber, wenn auch unter gelegentlichen Zweifeln, dies alles zugestand. Und doch blieb die «Römische Geschichte», die ihn weltberühmt machte, nicht nur sein einziges historiographisches Werk im strengeren Sinn, sondern auch ein Torso. Immer wieder widmete er sich anderen Pflichten, unglücklich, sich Mut zusprechend, nach Gründen für die selbstentfremdende Hingabe suchend und wie auf der Flucht vor jener Aufgabe, in der er sein «Eigenstes und Bestes» geben konnte.

Man weiß von den Lebenszufällen, denen die «Römische Geschichte» die Entstehung verdankt. In einem Brief an Gustav Freytag aus dem Jahr 1877 hat Mommsen berichtet, wie er im Jahr 1849, als junger Leipziger Dozent, der bis dahin in Italien alte Inschriften registriert, an einem Rendsburger Lokalblatt als Journalist gearbeitet und an einem

Altonaer Mädchenpensionat als Lehrer unterrichtet hatte, einen Vortrag über die Gracchen hielt. Unter seinen Zuhörern befanden sich die beiden Inhaber der Weidmannschen Verlagsbuchhandlung, Karl Reimer und Salomon Hirzel, die ihn kurz darauf mit der Frage aufsuchten, ob er bereit sei, für eine Edition populärer, aber anspruchsvoller historischer Darstellungen eine «Römische Geschichte» zu schreiben.

Mommsen sagte zu, aber zu fragen ist wohl, ob das Vorhaben je zustande gekommen wäre, wenn er nicht kurze Zeit später den Universitätsdienst hätte quittieren müssen, weil er an den Leipziger Unruhen vom Mai 1849 führend beteiligt gewesen war. Otto Jahn, auf den die Berufung zurückging, hatte dem Freund gleich anfangs den Ratschlag gegeben, «für den deutschen Salat mehr Öl als Essig» aufzubringen, aber Mommsens leidenschaftliches politisches Temperament war für die Besonnenheit, wie sie ihm da nahegelegt wurde, nicht gemacht. Bald sah er sich mit seinem jähen, im Grunde einzelgängerischen Liberalismus, der die Demokraten als die Vertreter des «souveränen Unverstands» verspottete und die Regierung bezichtigte, sich dem deutschen Einheitswillen zu widersetzen, zwischen alle Stühle geraten. Die letzten Monate in Leipzig und die zwei anschließenden Jahre in Zürich, inmitten zahlreicher Emigranten, deren Radikalismus ihm, wie er in einem seiner mißvergnügten Briefe schrieb, nur als die laut geratene Spielart der aus Deutschland bekannten servilen Haltung erschien, gaben dem ins Abseits Gedrängten die Muße, sich der «Römischen Geschichte» zu widmen und die Arbeit daran in wesentlichen Partien voranzutreiben.

Diese äußeren Umstände waren aber gewiß nicht entscheidend für den Entschluß, das Buch zu schreiben; sie begünstigten ihn nur. Ein großes Werk bedarf der ebenso großen Herausforderung, die ästhetischer, politischer oder wissenschaftlicher Natur sein kann. Im Fall der «Römischen Geschichte» treffen, wie der genauere Blick lehrt, alle drei Beweggründe zu.

Die Darstellung des Altertums war um die Jahrhundertmitte vor allem vom Werk Barthold Georg Niebuhrs bestimmt, der, wie dann auch Philipp August Boeckh und einige andere, die ersten Ansätze zur Überwindung der klassizistischen und ästhetischen Betrachtungsweise jener Epoche geleistet hatte. Die eigene Position im Widerspruch gegen das herrschende Kultbild der Antike formulierend, war ihnen aufgegangen, daß die Alten nicht jene feierlich stimmenden Statisten des Wahren, Guten und Schönen waren, zu denen die eigentlich deutsche Renaissance des 18. Jahrhunderts sie stilisiert hatte, und daß beispielsweise «die Athener von Gerste und Weizen lebten, nicht etwa von Poesie und Philosophie». Von tiefem Soupçon gegen die Tugend- und Heldenbilder des «klassischen Altertums» erfüllt, ausgerüstet mit der Fähigkeit zu durchdringender Kritik sowie dem Sinn für die politische und menschliche Realität, setzten sie der von Winckelmann geprägten Idealvorstellung der alten Welt eine nüchternere Auffassung entgegen, Empirie gegen Mythos, Wissenschaft gegen wirklichkeitsentrückte Poesie.

Aber diese Umarbeitung einer ebenso majestätischen wie populären Legende war in vielfacher Hinsicht in den Anfängen steckengeblieben. Zwar verfügte Niebuhr über ein breites Wissen, das er als Finanzfachmann und später als Diplomat noch um zahlreiche praktische Erfahrungen erweitert hatte. Aber sein kritischer Vorsatz, «abgerissene und ärmliche Nachrichten mit Sorgfalt und Anstrengung ... zu ergründen, zu verbinden und zu beleben», hatte sich noch zu sehr durchs Gestrüpp falscher oder apokrypher Überlieferungen kämpfen müssen und war deshalb auch über die frühe Periode der römischen Geschichte, die Zeit bis zum Ersten Punischen Krieg, nicht hinausgekommen. Schwerer wog, daß ihm die wissenschaftlich zureichende Kenntnis des Rechts fehlte, das, unverfälschbar wie es seiner Natur nach war, der Auffassung Mommsens zufolge, weitaus verläßlichere Auskunft bot als alle anderen Quellen: «Es bedarf der Auseinandersetzung darüber nicht, daß die Verfassung und ihre Wandlungen eben die Geschichte selber sind.» Das Recht setzte die Institutionen, regelte die öffentlichen wie die privaten Angelegenheiten, es war der reinste, konzentrierteste Ausdruck jenes vergangenen Lebens, dessen Vergegenwärtigung die Aufgabe des Historikers war, zumal kein Volk der Geschichte so sehr zum Recht begabt war, so sehr im Recht sein Lebenselement gefunden hatte wie das römische. Erst das Recht öffnete den authentischen Zugang zum Ganzen, den Inschriftenkunde und Numismatik, Archäologie und Papyrologie ebenso erweiterten wie die Zeugnisse der Literatur und der bildenden Kunst.

Hinzu kam, daß Niebuhrs Werk in einem umständlichen, gespreizten Stil verfaßt war, durchwuchert vom Dickicht gelehrter Nachdenklichkeiten, ein «Labyrinth von Seyn und Nicht-Seyn», wie Goethe schrieb, «von tausend Gegensätzen und Widersprüchen», dessen Titel eigentlich nicht «Römische Geschichte» hätte lauten dürfen, sondern «Kritik der Schriftsteller, welche uns die römische Geschichte überlieferten». Nicht nur die eigene Ausdrucksbegabung, die Mommsen während seiner journalistischen Tätigkeit mit rasch wachsender Freiheit erprobt hatte, sondern auch das Vorbild Thomas Babington Macaulays offenbarten ihm, daß dem unbefangenen Zugriff, der die Wissenschaft mit sprachlicher und dramaturgischer Meisterschaft verband, ganz neue Wege historischer Darstellung offenstanden. Mommsen hat denn auch wiederholt geäußert, daß der Geschichtsschreiber mehr vom Künstler als vom Gelehrten haben müsse; daß er «nicht in möglichster Vollständigkeit das Tagebuch der Welt wiederherzustellen» habe, sondern das Gewesene durch jene Phantasie vergegenwärtigen müsse, «welche wie aller Poesie so auch aller Historie Mutter ist».

Dieser Kunstgedanke erfüllt die «Römische Geschichte» im einzelnen wie im ganzen, und ihr Erfolg hat ebenso damit zu tun wie die prinzipielle Kritik, auf die sie seit ihrem Erscheinen immer wieder gestoßen ist. Die Fähigkeit, das Geschehene im Vordergrund auf große Zusammenhänge zu beziehen, der glanzvolle Satz- und Periodenbau samt den rhetorischen Figuren von Wiederholung, Wortspiel, Zitat oder sentenzhafter Verdichtung, der spannungssteigernde Einsatz andeutender Vorgriffe oder retardierender Einschübe, der Reichtum an Bildern und glücklichen Metaphern oder die Kunst der Charakterisierung, die von Hannibal wie von Scipio Africanus, von Sully, Gracchus, Sertorius und vielen anderen unvergeßliche Porträts gezeichnet hat: Mit alledem hat Mommsen das tote Material, dem sich jeder Historiker gegenübersieht, zu anschaulichstem Leben erweckt und aus Staub und Asche die alte Welt in allen ihren Farben wiedererstehen lassen.

Mommsens Kapitelanfänge schlagen nicht selten schon im sprachlichen Gestus den Ton des Kommenden an, die beschließenden Sätze sind, dem Aktschluß eines Schauspiels vergleichbar, häufig auf den großen Effekt hin stilisiert oder, wie man fast sagen könnte, inszeniert, wie Mommsen denn überhaupt mehr Dramatiker als Erzähler ist, der die Abläufe komprimiert, die Positionen schroff gegeneinanderführt und die grellen Kontraste liebt.

Unter den vielen Distanzen, die ihn von Ranke trennen, ist diese nicht die geringste, und noch lange nach Erscheinen des ersten Bandes der «Römischen Geschichte» beispielsweise quält der Gedanke ihn, daß das Buch keinen wirkungsvollen Schluß habe.

Durchweg zieht Mommsen, in der Kennzeichnung einer Person oder eines Sachverhalts, die scharf modellierende, womöglich schneidende Formulierung der episch beschreibenden Schilderung vor, immer befindet er sich mit ganzer Person mitten im Geschehen, und mitunter hat der Leser Anlaß zu der Frage, was eigentlich dem Autor eben den Abstand gewähre, dessen jede historische Darstellung bedarf: das wissenschaftliche Ethos oder der schriftstellerische Instinkt. So wenn er beispielsweise noch dem verächtlichsten Charakter oder der verlorensten Sache einige ausgleichende Lichtpunkte aufsetzt – ein Verfahren, das die ästhetische Regel ebenso wie die historische Abgewogenheit des Urteils für sich hat.

Von Cato, über dessen Unbeugsamkeit und Prinzipienstarre er Seite um Seite mit der Verständnislosigkeit eines Mannes urteilt, der sichtlich nicht wahrhaben will, daß auch der Widerstand gegen die eigene Zeit sein Recht und seine Würde haben kann, den er als «Don Quichotte der Aristokratie» dem Spott preisgibt, bemerkt er in einer resümierenden Schlußbetrachtung: «Die Republik war tot und niemals wieder ins Leben zu erwecken; was sollten die Republikaner noch auf der Erde? Der Schatz war geraubt, die Schildwache damit abgelöst; wer konnte sie schelten, wenn sie heimging? Es ist mehr

Adel und vor allem mehr Verstand in Catos Tode, als in seinem Leben gewesen war. Cato war nichts weniger als ein großer Mann; aber bei aller jener Kurzsichtigkeit, jener Verkehrtheit, jener dürren Langweiligkeit und jenen falschen Phrasen, die ihn, für seine wie für alle Zeit, zum Ideal des gedankenlosen Republikanertums und zum Liebling aller damit spielenden Individuen gestempelt haben, war er dennoch der einzige, der das große, dem Untergang verfallene System in dessen Agonie ehrlich und mutig vertrat ... Weil alle Hoheit und Herrlichkeit der Menschennatur schließlich nicht auf der Klugheit beruht, sondern auf der Ehrlichkeit, darum hat Cato eine größere geschichtliche Rolle gespielt als viele an Geist ihm weit überlegene Männer.» Und von den Samniten, die sich ähnlich blind gegen die vom Autor erkundeten Notwendigkeiten der Geschichte, der Einigung der italienischen Völker durch Rom, noch widersetzten, als sie ganz allein standen, heißt es: «Sie rüsteten sich zur hoffnungslosen Gegenwehr mit jenem Mut freier Männer, der das Glück zwar nicht zwingen, aber beschämen kann.»

Gewiß war in solcher sprachlichen Verzauberung, die einherging mit einer entschlüsselnden Kraft der Erkenntnis, ein Gutteil des Erfolges begründet, den die «Römische Geschichte» bei einem literarisch empfänglichen Publikum gefunden hat: «Die Republik schwankte nicht mehr bloß am Rande des furchtbaren Strudels, sondern der Schwerpunkt lag bereits über denselben hinaus, und der mächtige Bau, aus allen Fugen weichend, stürzte unaufhaltsam in die Tiefe.» Solche bildkräftigen Metaphern gehörten, solange das Bürgertum war, was es war, zum festen Bildungsbestand.

Aber dies war es nicht allein. Der Glanz der Formulierungen kam weit eher und weit häufiger noch aus der Sicherheit des Urteils; aus der unbedingten Gewißheit des Autors, die Kräfte des historischen Prozesses und folglich die Intention der Geschichte selber genauer als andere erfaßt zu haben. Es zählt schon zu den auffallenden Ausnahmen, wenn Mommsen beispielsweise über die Kämpfe der Gracchen-Zeit schreibt, «Recht und Schuld, Glück und Unglück [seien] so ineinander verschlungen, daß es sich hier wohl ziemen mag, was der Geschichte nur selten ziemt, mit dem Urteil zu verstummen». Die Regel dagegen bilden die ganz und gar apodiktischen Richtsprüche, die er über die Akteure und nicht selten auch über abweichende Auffassungen fällt.

Vielleicht wird nirgendwo Nähe und Abstand Mommsens zur Gegenwart so deutlich wie an diesem Punkt. Eine breite historische Literatur hat uns damit vertraut gemacht, daß die Geschichte sich im nachhinein leicht als ein Gewebe aus Irrtum, Schwäche, Blindheit und Versagen durchschauen läßt. Aus der vermeintlichen Höhe der Spätergeborenen, fern den Verworrenheiten des zurückliegenden Geschehens, seinem unendlich komplexen Kräftedurcheinander und den mühseligen Entscheidungslagen von ehedem, scheint, was der Augenblick verlangte, wie mit Händen zu greifen. Aus solcher Sicht nehmen sich alle Verstehenskategorien wie ein Akt der Untreue am Richteramt des Historikers aus. Odo Marquard hat, für unsere Zeit, sehr treffend von der «Tribunalisierung der Geschichte» gesprochen, diesem dauernd neu angestrengten Verfahren aus dem Bewußtsein überlegener Einsicht, durch das dem Wort vom «Prozeßcharakter» der Vergangenheit ein neuer, überraschender Sinn zugekommen ist. Und Mommsen selber hat, in ganz ähnlicher Weise, die Geschichte «recht eigentlich ein Totengericht» genannt.

Der Abstand bleibt gleichwohl unübersehbar. Mommsens Weltbild war noch ganz dem 19. Jahrhundert verhaftet, der Vorstellung, daß der Mensch größer sei als die Verhältnisse, nicht ihr Produkt, sondern ihr Beherrscher. Eine scharf umrissene Idealfigur tritt aus allem Urteilen hervor: einsichtsfähig, die eigene sittliche Vervollkommnung als Pflicht begreifend und mit dem Willen zu überpersönlichen Zwecken ausgestattet. Roms Aufstieg zur Weltherrschaft war eben deshalb für Mommsen nie zweifelhaft, weil er diesen Typus in der Stadt wie bei keiner der konkurrierenden Gegenmächte vorherrschend sah; entscheidend gewesen sei die «sittliche Energie, welche die Welt beherrscht, weil sie sich selber zu beherrschen weiß, welche den einzelnen aufhebt in dem größeren Ganzen und den engen Egoismus zum Nationalsinn läutert, diese eigentliche Herrlichkeit und Gewaltigkeit der Menschennatur, auf der der Staat ruht».

Mommsens permanent hoher, wie von heißem Atem erfüllter Ton hat die Vergangenheit ganz ins Gegenwärtige geholt und zugleich idealistisch überbaut. Damit kam er in einer Zeit der erwachten, zwar von mannigfaltigen Gegenkräften behinderten, aber doch als unaufhaltsam empfundenen Nationalstaatsidee mit einem romantischen Reichsprospekt im Hintergrund den überschwenglichsten Erwartungen entgegen. Die «Römische Geschichte» ist davon auch ein Spiegel, und ein Stimulans sollte sie zudem sein. Auch das gehört zu ihrer Wirkungsgeschichte. Oder wie anders war es zu verstehen, wenn Mommsen angesichts einer der großen historischen Entscheidungen Roms, dem Entschluß zum Kampf gegen Karthago, schreibt: «Es war einer der Augenblicke, wo die Berechnung aufhört und wo der Glaube an den eigenen Stern und an den Stern des Vaterlandes allein den Mut gibt, die Hand zu fassen, die aus dem Dunkel der Zukunft winkt, und ihr zu folgen, es weiß keiner wohin.»

Die «Römische Geschichte» war und ist, auf eine zeitgenössische Formel gebracht, «Historiographie engagée» reinsten Geistes, und nie jedenfalls ist einem Werk großer Geschichtsschreibung auf eindrucksvollere Weise die Widerlegung des Satzes gelungen, daß Geschichte «sine ira et studio» darzustellen sei: Sie sei, wie Mommsen erklärt hat, so wenig ohne Haß und Liebe zu schreiben, wie sie ohne Haß und Liebe gemacht werde. Die Vergangenheit war, wie er es sah, vom gleichen Stoff wie die Gegenwart, nur Kostüm und Kulisse hatten gewechselt, eine Art Katalaunisches Feld, auf dem die gleichen Widersacher ohne Ende aufeinandertrafen, er selber mitten unter ihnen, streitend, leidend, parteinehmend und mitunter sogar den Eindruck erweckend, er wolle, was als historisches Faktum doch unabänderlich war, zuletzt noch wenden. Die Fiktion einer unbestechlich über die Geschichte richtenden Moral, aus deren Geist die Aufklärer bis hin zu Schlosser schrieben, hat er ebenso preisgegeben wie den Anspruch der «Objektivität», und auf diese Weise, was er an Besonnenheit opferte, an Intensität vielfach zurückgewonnen.

Diese Tendenz zur äußersten Vergegenwärtigung der Geschichte kommt auf der begrifflichen ebenso wie auf der politischen Ebene zum Vorschein. Der Consul wird zum «Bürgermeister», der Proconsul zum «Landvogt»; es gibt «Generale» und «Admirale», eine «Landwehr», «Bataillone» und «Schwadronen»; Mommsen spricht von «Ingenieuren», «Kapitalisten», «Fabrikarbeitern», von «Primadonnen» und «Kurtisanen». Daß diese Übersetzung ins Gegenwärtige aber nicht allein von der Absicht bestimmt war, «die Alten lebendig zu machen, sie von dem phantastischen Kothurn, auf dem sie der Masse des Publikums erscheinen, in die reale Welt ... zu versetzen», wird überall dort deutlich, wo Mommsen politische, mit einem bestimmten Affektgehalt besetzte Begriffe ins Altertum überträgt. Die Popularen werden zu «Anhängern der Volks- oder Fortschrittspartei», die Aristokraten zu «Junkern», die Linken heißen «bornierte Radikale», die Rechten

«Ultras». Einen Schritt weiter bezeichnet er das Rom der Oligarchie als «Räuberhöhle», spricht von dem «notorisch feilen Senatorengesindel», von der «demokratischen Servilität, die zu allen Zeiten mit der höfischen gewetteifert» habe oder vom «Proletariat» mit «seiner Fratze der Volkssouveränität».

Dieser Mommsensche «Gegenwartseifer» ist so beherrschend, daß man nicht ganz ohne Grund behaupten konnte, das Werk sei ihm weniger wichtig gewesen als das Wirken; er selber hat das in die Bemerkung gekleidet, es sei ihm mehr daran gelegen, «die sittlich-politische Tendenz meiner Arbeit anerkannt zu sehen als ihren gelehrten Wert». Durchschlagend bleiben der Zorn und die Enttäuschungen eines Liberalen der vierziger Jahre des 19. Jahrhunderts, der sich um seine Hoffnungen auf einen freiheitlichen, nach innen gerechten, nach außen starken Einheitsstaat betrogen sah. «Mommsen konnte keine Seite Geschichte lesen», hat Friedrich Gundolf geäußert, «ohne daß seine zeitgenössischen Wunschbilder und Fratzen ihm vorschwebten ... Da er seine Nöte im Altertum wiederfand, so weilte er dort nicht nur wie ein Humanist und Polyhistor, der sich in schönere Ferne geflüchtet unter erhabene Trümmer, sondern als Hausherr. Keinem war je das römische Altertum so sehr vertrauter Umgang – den Schauer der Vorzeit, die Andacht zum Altertum als einem *Altertum*, die den Humanisten innewohnte, kannte Mommsen nicht mehr – ja er hat sie zerstört und ersetzt durch die abstandslose Gegenwart.»

Merkwürdig zu denken, daß dieser politische Kopf mit seinem leidenschaftlichen Drang, die Kämpfe von einst noch einmal auszutragen, aus der Richtung Niebuhrs kam und Inschriftensammlung, Dialektforschung sowie strengste Quellenkritik zum Zwecke der Entmythologisierung des Altertums betrieb. Von noch größerem Gewicht als alle erwähnten Aspekte, unter denen er das Werk des Vorgängers hinter sich ließ, war vermutlich, daß er auch mit dessen von der Überlieferung legitimierten Perspektiven brach.

Schon die Römer hatten ihre Geschichte im Sinne eines ebenso einfachen wie naheliegenden Dekadenzschemas interpretiert: Den Beginn machten jene frühen, aus unverdorbenem Dämmer emportauchenden Zeiten, in denen moralische Stärke und politische Kraft das Wohl des Gemeinwesens ebenso wie dessen machtvolle Entfaltung befördert hatte, ehe nach einem kurzen und glanzvollen Höhepunkt das eine wie das andere, sich wechselweise untergrabend, in Ermattung, Verfall und ein langanhaltendes, von inneren und äußeren Desastern vorangetriebenes Sterben überging.

Mommsen kehrte dieses Schema zwar nicht einfach um; kein Hegelianer, aber doch in der Luft Hegels aufgewachsen, versuchte er vielmehr aufzuzeigen, daß jede Epoche der römischen Geschichte mit einer nahezu gesetzlichen Zwangsläufigkeit aus den Triebkräften der vorausgegangenen Phase hervorgehe: dem unter wechselnden Vorzeichen beschwichtigten Konflikt zwischen Patriziern und

Plebejern oder, wie es sehr modern schon heißt, zwischen Kapital und Arbeit, der in zunehmend krisenhafteren Zuspitzungen ein unübersehbares Sklavenproletariat schuf, den Mittelstand ruinierte und das römische Gemeinwesen schließlich an den Rand des Abgrunds trieb. Aber indem er seine Darstellung mit Cäsar enden, ja seine gesamte Konzeption auf ihn: den schlechthin vollkommenen Menschen, wie er dem Historiker nur alle tausend Jahre einmal begegne, zulaufen ließ, kam es doch auf eine Art Umkehrung hinaus, und jedenfalls ist durch alle Wirren, Kämpfe und Intrigen, alle Bedrängnisse und Auflösungserscheinungen, die das Rom der untergehenden Republik ausmachen, ein apotheotischer Ton unüberhörbar.

Denn Cäsar ist der Held dieser Geschichte, der menschlich wie politisch gleichermaßen grandiose Zielpunkt einer Weltkultur: ein männlicher Charakter, stolz, leidenschaftlich und großmütig; als Politiker ein Realist, dem «alle Ideologie und alles Phantastische ... fern lag», und als Staatsmann sowohl mit der Einsicht wie mit der Fähigkeit ausgestattet, «den ausgefällten Spruch der geschichtlichen Entwicklung» zu vollziehen. Alle Gegensätze der Zeit wie der menschlichen Natur waren in ihm vereint und aufgehoben: «römische Energie und griechische Bildung, Wille zur Herrschaft und Gewähr der Freiheit, Sachverstand und Phantasie, Entschlossenheit und Milde», und mit alledem «regierte er die Gemüter der Menschen wie der Wind die Wolken zwingt». Noch keinem sei es gelungen, meinte

Mommsen schließlich, nicht ohne einen Unterton resignierender Bewunderung, das Bild dieses Mannes anschaulich wiederzugeben: «Das Geheimnis liegt in dessen Vollendung.»

Gewiß hat Mommsen auch sein Cäsarporträt mit einigen Schattenpunkten versehen, aber nie hat man so deutlich wie in diesem Falle das Gefühl, daß es vor allem geschieht, um den Glanz der Figur noch strahlender hervortreten zu lassen, und jedenfalls plagten ihn die pathetischen Zweifel nicht, die schon bei Cicero greifbar sind und die – von Petrarca bis Voltaire und Edgar Quinet – noch jeder empfunden hatte, der Cäsars überragende Gaben mit dem Gebrauch zusammenzureimen versuchte, den er vor allem mit dem Entschluß zum Bürgerkrieg und zur Errichtung eines autokratischen Regimes davon machte. Die tieferen Schatten holte Mommsen sich vielmehr aus der krisenhaft verdüsterten Szenerie sowie vor allem von Cäsars Gegenspielern: von Pompejus oder dem jungen Cato etwa, vor allem aber von Cicero, gegen dessen jahrhundertelang nahezu unangefochtene Autorität er seine ganze literarische Verführungskunst sowie sein advokatorisches Ingenium in so glanzvoller Weise aufgeboten hat, daß selbst das bessere Wissen nicht selten davon geblendet und überwältigt wird.

Die historische Stichhaltigkeit dieses Cäsarbildes ist häufig und mit triftigen Gründen bestritten worden; doch man tut gut daran, die dahinter wirksame Geschichtsvorstellung selber als ein Stück Geschichte zu betrachten. Wieviel Überwältigung durch das Einzigartige, wieviel staunende Lust an der Erscheinung in dieses Porträt auch eingegangen sein mag: Kein Zweifel kann sein, daß eine elementare politische Sehnsucht daran mitgewirkt hat. Verschiedentlich ist die Auffassung vertreten worden, Mommsens Cäsar sei ohne die Erscheinung Napoleons, der die Welt erst kurz zuvor gelehrt hatte, was ein einzelner über den Geschichtsverlauf vermag, nicht zu denken, und einiges spricht dafür, daß er sich von einem Mann solcher Art die Zauberformel für die hoffnungslos blockierten deutschen Verhältnisse versprach.

Die Erfahrung des Jahres 1848 hatte ihn jedenfalls gelehrt, daß die Nation sich die Einheit nicht selber geben, sondern nur durch einen rücksichtslosen Willen zusammengezwungen werden konnte. Ganz seiner Zeit und einem ihrer zentralen Gedanken verpflichtet, hat er das Ziel selber nie in Frage gestellt und in der staatlichen Einheit nicht nur die überlegene politische Organisationsform gesehen, sondern auch eine höhere Stufe der Entwicklung: Erst die Veranlagung zum Staat bewies die Kulturbegabung einer Nation und war ihre Rechtfertigung vor der Geschichte.

Wie hoch Mommsen dieses Ziel bewertete, wird an den Härten deutlich, die er dafür in Kauf zu nehmen bereit war. In dem mit bewegter Sympathie entworfenen Porträt Sullas beispielsweise hat er dessen Einigungswerk mit dem Bemerken kommentiert, es sei «mit endloser Not und Strömen von Blut dennoch nicht zu teuer erkauft» gewesen. Seine fast beziehungslose Fremdheit gegenüber der Welt der griechischen Stadtstaaten, sein Hohn über ihre «zwerghafte Vergrößerungssucht», ihren störrisch würdelosen Egoismus im Umgang mit der Weltmacht Rom, geht nicht zuletzt auf deren Unvermögen zurück, über die engsten Verhältnisse hinauszudenken und einen ins Große zielenden politischen Willen sei es selber zu entwickeln, sei es von außen hinzunehmen. Das «Treiben», vermerkt er mit deutlicher Geringschätzung, «hätte Anspruch wo nicht auf Billigung doch auf Nachsicht, wenn die Führer [der Achäer] zum Kampf entschlossen gewesen wären und der Knechtschaft der Nation den Untergang vorgezogen hätten; aber weder [die einen noch die anderen] dachten an einen solchen politischen Selbstmord – man wollte wo möglich frei sein, aber denn doch vor allem leben.» Aus der gleichen Vorstellungswelt stammt die Äußerung des Politikers Mommsen: «Wenn der nationale Staat jede Wunde heilen kann, darf er auch jede schlagen.»

Vor diesem Hintergrund hat man den häufig bemängelten moralischen Relativismus dieses Cäsarbildes zu sehen. Bezwungen von der menschlichen und historischen Größe seines Helden, hat Mommsen ihm fast alle seine liberalen und demokratischen Überzeugungen geopfert und gleichsam Vollmachten ausgestellt, die, gerade wegen der offenkundig politischen Intention seines Werkes, auch der erschlichenen oder trügerischen Größe beim Publikum zugute kamen. Denn an der Machtfülle, über die Cäsar vom Jahre 45 an als Dictator perpetuus und Imperator, als Pontifex maximus, Träger der tribunizischen Gewalt und Oberster Gerichtsherr gebot, fiel für Mommsen weniger der Verlust der Freiheit als der Gewinn ins Gewicht, den der zu eng und handlungsunfähig gewordene römische Nationalstaat im Übergang zum Weltstaat davontrug. Cäsar vollstreckte nur, was der «heilige Geist der Geschichte» verlangte, wie Mommsen verschiedentlich mit einer wiederum fast hegelianischen Ergriffenheit formuliert hat. Im übrigen hat er die Formel für die Größe Cäsars, neben dem Persönlichkeitszauber, auf den Mann des Staates und den sozialen Gesetzgeber verlagert und auch darin wieder jenes Idealbild kenntlich gemacht, das er in die Vergangenheit projizierte und für die Gegenwart erhoffte.

Man hat damit schon einige der Gründe für die viel erörterte Streitfrage zur Hand, warum Mommsen die «Römische Geschichte» nicht weiterschrieb, sogar den dritten Band nicht mit der Ermordung Cäsars enden ließ, sondern mit dessen Sieg bei Thapsus, der ihm die Alleinherrschaft sicherte: Die Feier des großen Mannes konnte durch die Umstände seines Endes, die Motive der Verschwörer, nur Schaden nehmen, und mit ganz ungewohntem, fast ergreifendem Sentiment hat Mommsen später bekannt, er habe Cäsar nicht sterben lassen können. Es ist nur die andere Seite der gleichen Empfindung, wenn er seine Unlust, die Arbeit in die Kaiserzeit hinein fortzusetzen, mit der Verlegenheit begründete, den «unter der Schale elender Hofgeschichten sich verbergenden Kern herauszuschälen» und eine «Geschichte der Menschheit unter den römischen Kaisern» zu entdecken.

Denn von dieser Geschichte der Menschheit sollte die Fortsetzung handeln. Gerade indem er am Ende des dritten Bandes aus der Krise den Mann hervorgehen ließ, der die Fliehkräfte der verfallenden Republik auffing, bündelte und in eine neue Dynamik umwandelte, machte er seine konzeptionelle Vorstellung für den weiteren Verlauf des Werks erkennbar: daß er im Ende der Republik zugleich den Anfang einer neuen Weltepoche Roms sah, deren Ausgangspunkt und groß ansetzendes Versprechen niemand anderes als Cäsar war. Auch weiß man, daß er über das historische Material auch und gerade der Kaiserzeit souverän gebot; die von Alexander Demandt kürzlich aufgefundene Kollegmitschrift hat noch genaueren Aufschluß darüber gebracht, und bei der ungemeinen Schnelligkeit seines Arbeitens wäre die Fortführung und Vollendung des Werkes eine Sache von vergleichsweise kurzer Dauer gewesen.

Angesichts dieser und zahlreicher weiterer Gründe macht es um so mehr erstaunen, daß Mommsen schon bald nach dem Abschluß des dritten Bandes der «Römischen Geschichte» den erschreckten Freunden erklärte, das Werk werde wohl für immer ein Torso bleiben. Hier soll nicht die ewige Kontroverse aufs neue ausgebreitet, vielmehr auf den schroffen psychologischen Widerspruch hingewiesen werden, in den Mommsen damit zu sich selber trat. «Ich habe ... mein Bestes und mein Eigenstes in dieses Buch gelegt», hat er bei Gelegenheit bemerkt, das heißt die Fähigkeit, ein immenses Detailwissen zu groß entwickelten Konzeptionen zu ordnen, die schriftstellerische Kraft sowie insbesondere die politische Leidenschaft eines Mannes zur Geschichte, der nach einem treffenden Wort dem Licht der Erkenntnis weniger die Helle als die Glut entnahm: All das ließ er fallen und kam auch nie mehr darauf zurück. Denn der sogenannte fünfte Band über die Provinzen des römischen Reiches, den er rund dreißig Jahre später gleichsam nachschob, führte das Werk nicht eigentlich fort, sondern fügte ihm lediglich einige buchstäbliche Randkapitel hinzu. Während des fast halben Jahrhunderts nach Erscheinen der «Römischen Geschichte» hat Mommsen seine gewaltige Arbeitsenergie fast ausschließlich der Forschung gewidmet. «Der Historiker», hatte er einmal geschrieben, «soll uns nicht Vorarbeiten, Excerpte geben, sondern seine Ansicht über den Gegenstand»; jetzt zog er sich selbst in die Beschäftigung mit den Vorarbeiten und Exzerpten zurück.

Mommsen hat seinen Abschied von der Geschichtsschreibung später mit dem Verlust der «Unbefangenheit und Unverschämtheit der jungen Menschen» oder, positiv gewendet, der «heiligen Hallucination der Jugend» begründet, mit dem verminderten «coraggio d'errare», wie es in einem Brief an einen italienischen Freund heißt, sowie der abhandengekommenen Bereitschaft zu «fragwürdiger Gewißheit und subjektiver Willkür» – und mit alledem den Widerspruch nur noch krasser herausgestellt. Es ist der Widerspruch eines Menschen, der nicht nur über zwei gleichstarke Begabungen verfügte, sondern dessen Leben auch die Bruchstelle zweier wissenschaftsgeschichtlicher Perioden überspannte.

Für die ältere, bis auf die Antike zurückgehende Methode war die Absicht bestimmend gewesen, das gesamte historische Wissen in großen, einsichtsvermittelnden Zusammenhängen darzustellen. Ihr Anspruch zielte auf die Verbindung von Faktum, Deutung und hoher literarischer Form. Durch die kritische Geschichtsauffassung, wie sie mit Niebuhr, Boeckh und Droysen einsetzte, geriet von den Dreien das Faktum zunehmend in Verdacht, und mit dem Gefühl, daß «wir alle mehr oder weniger nur auf gut Glück hin unser Netz in dieses Meer werfen», wurde zugleich das Bedürfnis wach, der historischen Wissenschaft jene gesicherten Grundlagen zu verschaffen, durch die sie sich erst als Wissenschaft auswies. Bezeichnenderweise begannen in Italien, Frankreich und Deutschland etwa zur gleichen Zeit jene ehrgeizigen Unternehmungen, das auf die Gegenwart gekommene, in alle Winde verstreute und vom Verlust bedrohte historische Material zu sichern und systematisch zu erfassen.

Ein vehementer, als Zeittendenz zu fassender «Trieb zur Empirie» kam darin zum Ausdruck, in dessen Zeichen auch Mommsens wissenschaftliche

Anfänge gestanden hatten. Schon seine ersten drei Veröffentlichungen, noch während des Studiums verfaßt, stützten sich überwiegend auf epigraphisches Material, desgleichen ist eines der zwei Kapitel seiner Dissertation der Erklärung einer lateinischen Inschrift gewidmet, und wie ursprünglich, fast unabgeleitet, diese archivarische Leidenschaft war, geht beispielsweise daraus hervor, daß er bereits in seiner Schulzeit auf die Wahrnehmung hin, Goethes «Clavigo» habe bei seinem Erscheinen größeres Aufsehen erregt als der «Faust», sogleich den Plan faßte, alle Belege dafür zusammenzutragen, «bevor sie verloren gingen». Bald darauf machte er sich daran, eine Sammlung von Liedern und Zeugnissen der Volkspoesie anzulegen sowie, zusammen mit Theodor Storm, Sprichwörter und Sagen aus Schleswig-Holstein aufzuzeichnen.

Es war denn auch nichts anderes als die Ausweitung dieses frühen romantischen Interesses in den eigenen Lebensplan, daß er sich während seines ersten Italienaufenthaltes, als Stipendiat des dänischen Königs, auf eine Anregung Bartolomeo Borghesis hin, entschloß, die in Neapel lagernden alten Inschriften zu sichten und zu katalogisieren. Und es war nur der weitere folgerichtige Schritt auf dem gleichen Wege, daß er schon damals den Vorsatz faßte, alle auf Stein, Metall oder anderem Material erhaltenen lateinischen Inschriften methodisch zu sammeln und in einem umfassenden Werk nach dem Urtext zu veröffentlichen: eine Aufgabe, die ihm erst nach zehn Jahren zermürbender Auseinandersetzungen, Professorenintrigen und Quertreibereien übertragen wurde, deren Bewältigung indes seinen eigentlich wissenschaftlichen Ruhm begründet hat.

Die Behauptung ist sicherlich nicht übertrieben, daß wir von jenem Rom, über das die antiken Historiker nicht berichten: dem privaten Dasein der Menschen, ihren alltäglichen Beschäftigungen, ihren Vergnügungen und Vereinigungen, ihrem Recht, ihren Sitten, Geschäften und Umgangsformen bis hin zu ihren Jenseitserwartungen nur wenig wüßten ohne Mommsens aus allen Gegenden des einstigen Imperium Romanum von Trümmerstätten, Grabsteinen und Tempelresten kopierten, aus alten Bibliotheken und Museumsdepots zusammengetragenen Corpus lateinischer Inschriften.

Bedeutung und fast legendärer Rang dieses Werkes sowie der zahlreichen anderen, von Mommsen angeregten Quellensammlungen: der «Auctores antiquissimi», der «Chronica Minora», dem «Corpus Nummorum» oder «Papyrorum», um einige wenige zumindest zu erwähnen, haben darüber hinaus aber auch entscheidend dazu beigetragen, der Wissenschaftsentwicklung eine neue Richtung zu geben. Hatten Erforschung und Ordnung des Quellenstoffes bis dahin ihre Rechtfertigung nur aus ihrer fundamentierenden Funktion für die historische Darstellung bezogen, so wurden sie jetzt gleichsam selber fundamental. In den Vordergrund rückte ein sich selbst genügendes antiquarisches Interesse, das kein übergeordnetes Ziel mehr kannte und dessen Gegenstände beliebig waren oder doch unabhängig von jedem Erkenntniszusammenhang.

Die ungezählten, mit beispiellosem Aufwand verfertigten Akteneditionen, Regestensammlungen und Urkundenbücher aus der zweiten Hälfte des Jahrhunderts, die sogenannten Monumenta, stehen trotz dieser Bezeichnung nur für sich selbst: beziehungslos auf dem Terrain der Wissenschaft errichtete, nicht ohne Willkür aufgetürmte Komplexe, deren oft imponierender Anblick den Verlust nicht vergessen machen kann, mit dem sie erkauft wurden. Denn nicht das nackte Faktum allein, das in den «Real-Encyclopädien» gespeicherte Wissen, sondern auch und erst der Zusammenhang macht die Geschichte. Mommsen selber war, trotz allem, sich der Überlegenheit des Zusammenfassenden gegen die Einzeluntersuchung immer bewußt: «Ein zugleich geniales und methodisches Werk wird tausend male mehr nützen», schrieb er 1878 in einem Brief, «als alles Erbsenwerfen und Schwärmer abbrennen.»

Gleichwohl hatte er teil an jenem resignativen Zug, der hinter all dem Monumentalehrgeiz der Epoche sichtbar wird. Ein sechs Jahre später geschriebener Brief macht das, neben vielen anderen Zeugnissen, überdeutlich: «Die Institutionen», schreibt er da, «können wir einigermaßen begreifen; den Werkprozeß hat schon das Altertum nicht gekannt und wir werden ihn nie erraten.»

Zu sagen ist aber auch, daß dieser Gang der Dinge von der Entwicklung vorgezeichnet, der Ansatz notwendig und die übertreibende Tendenz unvermeidlich war. Man kann in der Idee, daß die Quellen, auch die Institutionen, überhaupt das Fixierbare die Historie selber seien, während der Geschichtsschreibung nur die mehr oder minder dilettierend betriebene Aufgabe zufällt, das Erforschte gefällig zu verbinden und in Lektüre zu verwandeln, eine Spielart des Prozesses sehen, der auf anderem Felde zum Gegensatz von reiner und angewandter Wissenschaft geführt hat; und der gebieterische Anspruch, den jene Urkundskompilatoren und Spezialforscher erhoben, die auf zusehends enger gezogenen Parzellen ständig tiefer gruben, rührte nicht zuletzt aus der vermeintlichen Gewißheit her, dem reineren, selbstloseren Prinzip entsagungsvoll zu dienen.

Es ist nicht ohne Ironie, daß die Altertumswissenschaft (und bald die Geschichte im ganzen) gerade von jenem Mann in Stücke gesprengt worden ist, der sie mit universaler Konsequenz aus ihrer Blickverengung erst vollständig befreit und, über alle politische Betrachtung weit hinaus, zur Sozial-, Wirtschafts- und Kulturgeschichte geöffnet hat; und daß der gleiche Mann auch die Trennung von «Forschung» und «Vermittlung» entscheidend vorangetrieben hat, der diese mit jener wie kein anderer verbunden und in der «Römischen Geschichte» für mehrere Generationen eine Art «Hausbuch des gebildeten Bürgertums» verfaßt hat.

Daran ändert wenig, daß Mommsen selber diese Entwicklung nicht wahrhaben wollte und den Zusammenhang, den eigentlich nur er noch darstellte, auch der Sache zuerkannte, die längst zu Bruch gegangen war. In einer Art Rückblick schrieb er: «Es ist mir beschieden gewesen, an dem großen Umschwung, den die Beseitigung zufälliger und zum guten Teil widersinniger, hauptsächlich aus den Fakultätsordnungen der Universitäten hervorgegangener Schranken in der Wissenschaft herbeigeführt hat, in langer und ernster Arbeit mitzuwirken. Die Epoche, wo der Geschichtsforscher von der Rechtswissenschaft nichts wissen wollte, in der der Rechtsgelehrte die geschichtliche Forschung nur innerhalb seines Zaunes betrieb, die Epoche, wo es dem Philologen wie ein Allotrium erschien, die Digesten aufzuschlagen, und der Romanist von der alten Literatur nichts kannte als das Corpus iuris, wo zwischen den beiden Hälften des römischen Rechts, dem öffentlichen und dem privaten, die Fakultätslinie durchging, wo der wunderliche Zufall die Numismatik und sogar die Epigraphik zu einer Art von Sonderwissenschaft gemacht hatte und ein Münz- oder Inschriftenzitat außerhalb dieser Kreise eine Merkwürdigkeit war – diese Epoche gehört der Vergangenheit an.»

In der Tat hat Mommsen alle diese Verbindungstüren geöffnet, aber durchschritten wurden sie im Grunde nur noch von ihm, und es definiert gerade seinen überragenden Rang, daß er mit seinem breiten, stets zum Ganzen drängenden Interesse jene spezialistische Verengung nicht kannte, die mit den Epigonen hochkam. In nahezu regelmäßigen Abständen hat er daher auch die Einzelforschung zugunsten großer, zusammenfassender Werke verlassen und beispielsweise in dem fünfbändigen Werk «Römisches Staatsrecht», aber auch im fünften Band der «Römischen Geschichte» die Ergebnisse der Detailarbeit in ausgreifenden Überblicken dargestellt. Mitunter schien aber auch er, angesichts der zunehmenden Isolierung eines selbst- und zielvergessenen Forschungsbetriebs, von Zweifeln erfüllt, zumal auch diese Arbeiten sich fast durchweg nicht an die gebildete Öffentlichkeit wandten, sondern an den engeren Kreis der Fachleute und, anders als die «Römische Geschichte», keineswegs nur das fertige Bild vorwiesen, sondern in umfangreichen wissenschaftlichen Apparaturen auch gleichsam die Bedingungen und Schritte nachzeichneten, die zu dessen Herstellung erforderlich gewesen waren.

«Wir versperren uns und anderen», hatte Mommsen bald nach dem Abschluß der «Römischen Geschichte» geschrieben, «mit unseren Baugerüsten mehr und mehr die Fassade, und es tut einmal not, die Sachen selbst in dem ganzen und großen Zusammenhang wirken zu lassen.» Von diesem aufklärerischen Impuls war er im ganzen immer mehr abgekommen. Er sah es, erfaßte die problematischen Züge der Sache und kam doch davon nicht frei. Vielmehr trieb er sie mit einer geradezu manischen Energie noch unablässig voran. Und die Besorgnisse, auch wo er sie öffentlich kundtat, kommen doch wie aus großer Höhe, wie Richtsätze, über deren Verbindlichkeit er selber jedenfalls hinaus war: «Wenn wir uns nicht selbst zu beschränken verstehen», wandte er sich an die Historiker, «so wird Staat und Publikum, deren Diener wir sind, in nicht zu kurzer Zeit uns im Stich lassen und die wahren Resultate der Wissenschaft auch aufopfern, um nur des wüsten Schutts endlich loszuwerden.» Seine Bemerkung, daß an der Geschichte nur das Handwerk erlernbar, alles übrige Genie sei, gilt offenbar auch für jenes Wissenschaftsprinzip, das nur Handwerk zu sein scheint, dem er selber aber noch im entlegensten Teilstück, dem er sich widmete, die Ahnung eines umfassenden Welt- und Lebenszusammenhangs zu vermitteln wußte.

Insofern ist auch unbegründet, was im Befremden darüber zum Ausdruck kommt, daß Mommsen viele Jahre seines Lebens an eine Aufgabe verschenkt habe, die jeder umsichtige Organisator ebenso hätte wahrnehmen können: In seiner Person war, was schon zerfiel, noch einmal groß und fast beschwörend verbunden. Zwar hat er ursprünglich nicht daran gedacht, aus der Sammel- und Forschungstätigkeit eine Lebensaufgabe zu machen und für das «Corpus Inscriptionum Latinarum» zunächst nur einen Zeitraum von vier bis sechs Jahren veranschlagt. Aber mit dem Eintritt in die Preußische Akademie der Wissenschaften (1858) und der Übernahme des Ständigen Sekretariats verfügte er über einen Apparat, den er, der Zeittendenz zum Großstaat und zur Großindustrie ebenso wie der zum Gigantomanen folgend, zu einer gewaltigen, zuletzt auch international vielfach verflochtenen

Organisation mit einem Riesenheer von viri doctissimi als Arbeitern im wissenschaftlichen Großbetrieb ausbaute. Von Berlin aus, so hat man, den zentralen Einfluß Mommsens treffend charakterisierend, gesagt, sei die Altertumswissenschaft wie die Armee vom preußischen Generalstab dirigiert worden: Er vergab die Aufträge, lenkte die Forschungsrichtung und sprach, nicht immer glücklich, doch mit ungeduldiger Herrscherlaune operierend, bei der Besetzung der Lehrstühle mit, auf die er verdiente Epigraphiker hievte. Sicherlich hat er daher auch, allen Zweifeln zum Trotz, nie ernsthaft erwogen, Macht, Möglichkeiten und Prestige, die das Institut ihm und seinem zivil-cäsarischen Temperament eintrugen, je aufzugeben.

Dennoch hat Mommsen unter der Tätigkeit des Sammelns und Organisierens gelitten, die Belege dafür sind unübersehbar. Es mag noch scherzhaft gemeint sein, wenn er sich bei Gelegenheit als «Commis Voyageur der Kirchhofswissenschaft» bezeichnet. Aber an anderer Stelle heißt es, seine Aufgabe bestehe oft nur darin, «den Schund des Schunds durchzuwühlen», oder er schreibt: «Den ganzen Tag mit nichtsnutzigen Arbeiten beschäftigt, als da sind Inschriften abschreiben, Corpora spoliieren, Graffite entziffern.» Am bekanntesten ist jener metaphorisch eingekleidete Seufzer aus vergleichsweise früher Zeit geworden, der seine Doppelbegabung und die Konflikte sichtbar macht, in die er dadurch geriet. «Lesen Sie einmal», schreibt er einem Freund, «was die Götter aus mir machen.

Das ist Glück, mich soll aber stracks der Teufel holen, wenn ich mich darüber freue; wieviel lieber als anderen Leuten Ziegel machen baute ich selbst Häuser.»

Was ihn dennoch aber, über alle Anwandlungen der Unlust hinweg, bei der Sache hielt, waren neben der Überzeugung von Sinn und Notwendigkeit der Aufgabe vor allem die asketische Willenskraft und sein Pflichtbewußtsein. Dergleichen klingt inzwischen leicht pompös und hat den Beigeschmack der dekorativen Phrase. Gleichwohl hat es das, was damit gemeint ist, doch gegeben. Das Bürgertum verdankt dem unbedingten Ernst, mit dem es Begriffe wie Arbeit, Pflicht oder Dienst an der Sache in die Lebenspraxis übernahm, alles, was es groß gemacht hat, und nicht zufällig stellte Mommsen in Wesen, habituellem Zuschnitt und Lebensform den Typus des Bürgers oder, zugespitzter noch, des bürgerlichen Professors in reiner, fast schon überzeichnet wirkender Weise dar. Richard Wagner meinte denn auch nach einem Zusammentreffen, die leicht karikatureske Aura der Erscheinung mokant erfassend, der Gelehrte sehe aus wie jemand, der in dieser Maske zum Redoutenball unterwegs sei.

Was Mommsen auszeichnete und doch für viele galt, war eine Mischung aus nüchternen und emphatisch-zergrübelten, aus strengen und ätherischen Zügen, alles rückstandslos aufgehend in dem, was, wie er glaubte, einfach getan werden *mußte.* «Ich will das große Unternehmen, an das ich leider geraten bin, nicht fahnenflüchtig verlassen und was ich einmal übernommen habe, mit meiner letzten Kraft vollenden», schrieb er 1873 an seine Frau, und: «Wahrhaftig, die Pflicht ist eine große Gottheit; ich führe ein Leben, schlimmer als ein Tagelöhner.» Man kann sicher sein, daß es so war. Als Dilthey 1884 nach Berlin kam, machte Mommsen ihm den Eindruck, daß er «müde und recht staubig von dem Weg auf den Landstraßen der Philologie, Inskriptionen und Parteipolitik» sei. Aber sein Ruhm war einzigartig, Erfolge und Ehrungen häuften sich, und seine Autorität gewann fast mythischen Rang.

Dennoch war er, vor allem in diesen späten Jahren, zusehends von depressiven Stimmungen erfüllt, und man hat dafür, auf der Suche nach den Motiven, vor allem die politische Entwicklung des Landes seit der Reichsgründung verantwortlich gemacht. In der Tat häufen sich seit den siebziger Jahren Mommsens Klagen über die «Erbärmlichkeit der Zustände», die «Nichtswürdigkeit unseres Regiments und die Fäulnis der Nation», und er nennt es ein «elendes Schicksal», in diesem Staat als «Ornamentstück figurieren zu müssen».

Gewiß fanden darin die Enttäuschungen eines Mannes Ausdruck, dessen eigentümliches Naturell es war, zeitlebens von den heftigsten politischen Empfindungen erfüllt und dennoch ohne eigentliche politische Begabung zu sein; er selber hat denn auch, obwohl zeitweilig Abgeordneter, seine Eignung zum Parlamentarier in Zweifel gezogen. Eine zusätzliche Rolle spielte aber sicherlich, daß die Beschäftigung mit der Geschichte einen Hang zu moralischen Werturteilen, zu strengen Grundsätzen und hohen Idealbildern in ihm geweckt oder verstärkt hatte, vor dem die politische Wirklichkeit mit ihren Kompromissen und durchweg nur halbhohen Zielen sich eher deplorabel ausnehmen mußte: Ein gut Teil seines abgrundtiefen Hasses gegen Bismarck war zweifellos von solchen literarisch-wissenschaftlich überzogenen Vorstellungen eingegeben.

Als Mommsen im Mai 1863 von Napoleon III. zur Audienz empfangen wurde, notierte er: «Ich gestehe, ich bin mit einem Gefühl von Neid weggegangen, daß das Schicksal uns nicht einmal einen solchen grand criminel zuwirft: was könnte der machen ...»

Tatsächlich war Mommsen, als das Schicksal so etwas wie ein Einsehen zeigte, als radikaler Anhänger der Einheitsstaatsidee zunächst auch überglücklich. «Es ist ein wunderbares Gefühl», schrieb er nach dem Sieg von 1866 an seinen Bruder Tycho, «dabei zu sein, wenn die Weltgeschichte um die Ecke biegt. Daß Deutschland eine Zukunft hat und daß diese Zukunft von Preußen bestimmt wird, das ist nicht mehr eine Hoffnung, sondern eine Tatsache, und eine gewaltige für alle Zeiten.» Aber in diesen Gefühlserhebungen, die sich mitunter zu der Vorstellung erweiterten, Deutschland könne so etwas wie der Idealstaat der Zukunft werden, war mehr Studierstuben-Exaltation, mehr politischer Romantizismus, als die Realität je einlösen konnte. «Preußens Geschichte», schreibt er schon bald nach

Königgrätz, «scheint einen Verfasser zu besitzen, der für einzelne geniale Kapitel sich durch Bände von Schund entschädigt.» Und einige Jahre später versichert er in einem Gespräch: «Ja, dieser Bismarck hat uns hassen gelehrt, wie wir nie geglaubt hatten, einen fremden Menschen hassen zu müssen.»

Einmal steigerte er sich so sehr in Groll und Abscheu hinein, daß er, wie berichtet wird, nahezu «das Äußere eines Epileptikers zeigte». Einen vorläufigen Höhepunkt erreichte diese Dauergereiztheit in einem Brief Mommsens an seine Frau vom Mai 1885, der in Tonlage und Wortwahl schon das berühmte Testament von 1899 vorwegnimmt: «Das sage ich Dir jetzt, und Du wirst mir gehorchen, auch wenn ich nicht mehr bin: Auf meinem Grabe soll weder ein Bild noch ein Wort, nicht einmal mein Name stehen, denn ich will von dieser Nation ohne Rückgrat persönlich so bald wie möglich vergessen sein und betrachte es nicht als eine Ehre in ihrem Gedächtnis zu bleiben.»

Doch spricht einiges dafür, daß man Mommsens Depressivität nicht ausschließlich und möglicherweise nicht einmal überwiegend als politisch motiviert deuten darf. Die Politik war, bei einem politisch so reizbaren Temperament, nur der zunächstliegende Aggressionspunkt, und Mommsens Schroffheit außerdem in den Augen seiner Gesprächspartner sicherlich spektakulärer, auch überlieferungstauglicher, als die privaten, auf Familie, Freunde, Tätigkeit sowie die eigenen Lebensumstände zielenden Verdikte. Daß sie auftraten, ist nicht zweifelhaft, doch hat die nächste Umgebung die Diskretionsbedürfnisse eines im Persönlichen so scheuen Menschen wie Mommsen pietätvoll respektiert. Immerhin finden sich in den Briefen seiner Frau sowie in den Aufzeichnungen seines Schwiegersohns, Ulrich v. Wilamowitz-Moellendorff, unmißverständliche Hinweise darauf, und Wilamowitz hat auch berichtet, wie Mommsen, nach einem Ohnmachtsanfall während eines Rektoratsdiners, auf dem gemeinsamen Heimweg, wie zu sich selber sprechend, in verzweifeltes, offenbar weit über alle politischen Anlässe hinausgehendes Reden verfiel. Aber «nie und zu niemandem», vermerkte er, «ist auch nur eine Andeutung von dem über meine Lippen gekommen, was ich wider seinen Willen, sein Bewußtsein gehört hatte, nie werde ich ein Wort verraten.»

Man muß infolgedessen wohl tiefer ansetzen, als es meist geschieht, um den Verdüsterungen Mommsens einigen Grund abzugewinnen. Zweifellos war eine Veranlagung dazu vorhanden, die schon im Vater hervortrat und, weit stärker und ins Krankhafte übergehend, in Mommsens Bruder wiederkehrte. Aber bestimmender für diese schweren, einbruchartigen Gemütsbedrückungen war offenbar doch das Bewußtsein der verfehlten Biographie. Mommsens Anfänge hatten ganz im Zeichen romantischer Hochgestimmtheiten gestanden, die von den Freundschaftsbünden, wie er sie auf nahezu jeder Lebensstation schloß, den Empfindungen von Aufbruch und gleichgesinnter Idealität, inspiriert und getragen wurden. In einigen frühen Briefen hat er das Ansinnen zurückgewiesen, «Karriere» zu machen, seine Vorstellung ging auf anderes, auf etwas Ungebundenes, Großes, er wußte vermutlich selbst nicht was. Aber daß das Leben nicht gemacht war, auf einem Professorenstuhl zu enden, schien ihm gewiß. Es ist dieser Zug ins leidenschaftlich Unbestimmte, von der Wirklichkeit Abgehobene, der den Typus des romantischen Jünglings im ganzen kennzeichnet, und Mommsen nimmt sich in dieser Umgebung wie eine etwas streng geratene, in seinem Sanguinismus, seinem Pathos aber durchaus legitime Variante davon aus. Gewisse grundierende Elemente aus diesen Jahren hat er sich bis zuletzt bewahrt, angefangen von der urromantischen Neigung, die lang vergangene Zeit gegen die eigene auszuspielen, bis hin zu dem Bedürfnis, sich gedichtweise zu äußern, dem er noch im hohen Alter mit amateurischer Hingabe genügte.

Genausowenig wie solche frühen Einflüsse ging ihm auch die Idee vom großen und, wie es in einem Romantikervers heißt, «zur Ewigkeit erhöhten» Leben je verloren. So unbestimmt und irreal diese Idee gewesen war, so vage blieb auch das Gefühl, im Fortgang der Jahre etwas preisgegeben zu haben, was mehr bedeutete als aller Erfolg und weltweiter Ruf. Am Ende war er doch mehr Gerüstbauer gewesen (oder geworden) als Architekt glanzvoller Fassaden vor weiträumigen, palastartigen Gebäuden, Organisator eines gewaltigen Ruinenfeldes, zwar nicht mehr wüsten, sondern geordneten Schutts. Aber die Träume der Aufbruchsjahre lagen darunter begraben. Einmal zwar hatte er sein «Bestes und Eigenstes» gegeben, doch auch dies war unabgeschlossen geblieben, ein grandioses Bruchstück, dann hatten ihn die Entwicklung der Wissenschaft, das Verlangen nach Einfluß, sein Hang zum Gemeinnützigen, aber auch Hausstandssorgen und Tagessachen von seinen Anfängen entfernt: Es war der gewöhnliche Weg, der alle Romantik zuletzt in irgendein Biedermeier führt, auch wenn es wie hier eher strenge und pflichtschuldige Züge trägt. Zurückgeblieben jedenfalls war das Gefühl, zuviel vertan, versäumt und nicht sich selbst gelebt zu haben.

Unnötig zu sagen, daß man sich mit alledem auf spekulativem Grund bewegt. Aber nicht zuletzt Mommsens Testament, das bei seinem Bekanntwerden nach dem Zweiten Weltkrieg so viel Aufsehen erregt hat, stützt diese Deutung. Zwar hat die Kontroverse, die es entfachte, ihr Augenmerk so gut wie ausschließlich den politischen Passagen des Dokuments geschenkt, doch hat man darin eher einen Ausdruck des verbreiteten Bedürfnisses jener Jahre zu sehen, Kronzeugen und Kassandren des nationalen Irrwegs ausfindig zu machen. Diese umstrittenen Sätze lauten:

«Politische Stellung und politischen Einfluß habe ich nie gehabt und nie erstrebt: aber in meinem innersten Wesen, und ich meine, mit dem Besten, was in mir ist, bin ich stets ein animal politicum gewesen und wünschte ein Bürger zu sein. Das ist nicht möglich in unserer Nation, bei der der Einzelne, auch der Beste, über den Dienst im Gliede und den politischen Fetischismus nicht hinauskommt. Diese innere Entzweiung mit dem Volke, dem ich angehöre, hat mich durchaus bestimmt, mit meiner Persönlichkeit, soweit mir dies irgend möglich war, nicht vor das deutsche Publikum zu treten, vor dem mir die Achtung fehlt. Ich wünsche, daß auch nach meinem Tode dasselbe mit meiner Individualität sich nichts schaffen mache. Meine Bücher mag man lesen, solange sie eben dauern; was ich gewesen bin, oder hätte sein sollen, geht die Leute nichts an.»

Nicht nur die Wendung «was ich hätte sein sollen» läßt aufmerken. In der Begründung für sein Verlangen, die biographische Behandlung seines Lebens nach Möglichkeit zu verhindern, bezeichnete Mommsen diese politischen Überlegungen ausdrücklich als etwas zweites, Hinzukommendes. Das gewichtigere Argument steht im vorangehenden Absatz:

«Ich habe in meinem Leben trotz meiner äußeren Erfolge nicht das Rechte erreicht. Äußerliche Zufälligkeiten haben mich unter die Historiker und die Philologen versetzt, obwohl meine Vorbildung und auch wohl meine Begabung für beide Disziplinen nicht ausreichte, und das schmerzliche Gefühl der Unzulänglichkeit meiner Leistungen, mehr zu scheinen, als zu sein, hat mich durch mein Leben nie verlassen und soll in einer Biographie weder verschleiert, noch manifestiert werden.»

Es ist gewiß nicht nur Mommsens skrupulöse Bescheidenheit, von der diese Sätze zeugen. Eher schon hat man es mit einem Nachhall jener sogenannten «romantischen Disproportion» zu tun, dem unheilbaren Bruch zwischen Ideal und Wirklichkeit, auf den die depressiven Schübe, unter denen Mommsen litt, zum Teil zumindest, zurückzuführen sind. Am Ende tritt darin aber auch jener Riß hervor, der durch das Jahrhundert im ganzen geht und an dem er teilhatte wie kaum ein anderer. Vielleicht ist es die eigentliche Anstrengung seines Lebens und deshalb auch sein letzter, über den Tod hinausgehender Wille gewesen, diese Widersprüche zu verdecken. Versöhnen konnte er sie nicht mehr.

Für die zwei Wege zur Geschichte: den auf Totalbild zielenden, die verworrenen Ereignisse in großen Deutungen verklammernden Epochenentwurf einerseits und die spezialistische, vom Pathos des Details ergriffene Einzeluntersuchung andererseits, hat Mommsen mit seinem Werk Markierungen gesetzt, wie sie auf diesem Felde und mit dieser Kompetenz nicht noch einmal auszumachen sind. Einem treffenden Wort seines Freundes Jacob Bernays zufolge war er ein «König und Kärrner zugleich».

Auch dies gehört schließlich zum Charakter des 19. Jahrhunderts: daß einer der Erste sein will und der Letzte auch. Es steht ein zum durchweg Äußersten drängender Wille dahinter, ein Ehrgeiz von immer aufs neue imponierender Kraft und Vitalität.

Aber etwas rät uns, nicht allzusehr davon beeindruckt zu sein. Denn es ist ein Ehrgeiz aus gleichsam babylonischem Geist: maßlos, zum Unfertigen verurteilt und endend in grenzenloser Sprachverwirrung. Mit den Folgen haben wir zu tun.

Das tragische und wunderbare Schauspiel der Geschichte

Versuch über Jacob Burckhardt

Unter den rund fünfunddreißig Zuhörern des Kollegs «Über das Studium der Geschichte», das Jacob Burckhardt im Winter 1870 in Basel hielt, befand sich auch der im Jahr zuvor an die Universität der Stadt berufene Friedrich Nietzsche. «Zum ersten Mal habe ich ein Vergnügen an einer Vorlesung», notierte er, und einem Freund schrieb er, die Gedanken Burckhardts kämen «völlig aus unserem Denk- und Gefühlskreise heraus».

Es war die Vorlesung, die später, nach dem Tod des Gelehrten, zusammen mit zwei gleichzeitig entstandenen Vortragstexten unter dem Titel «Weltgeschichtliche Betrachtungen» veröffentlicht worden ist. Der Eindruck, den das Kolleg auf Nietzsche machte, hat in dessen «Zweiter unzeitgemässer Betrachtung: Vom Nutzen und Nachteil der Historie für das Leben» seinen Niederschlag gefunden. «Bis zu welchem Grade das Leben den Dienst der Historie überhaupt brauche», heißt es da, sei «eine der höchsten Fragen und Sorgen in Betreff der Gesundheit eines Menschen, eines Volkes, einer Kultur. Bei einem gewissen Übermaß» an geschichtlicher Zuwendung, fährt der Text fort, «zerbröckelt und entartet das Leben.»

Man kann Nietzsches Argument mit guten Gründen umkehren und im Zerbröckeln und Entarten des Lebens eine der Ursachen für die gesteigerte Hinwendung zum Vergangenen sehen. Wenn die Kräfte zu schwinden beginnen und ein Gefühl ausrinnender Lebenssubstanz sich breitmacht, tritt das Gewesene beherrschender ins Bewußtsein, und aus den aureatisierten Bildern drängen die Fragen nach den Ursachen seines Vergehens hervor und welche mächtigeren Kräfte das Mächtige immer wieder zu Fall gebracht haben. Die ganze Geschichte, soweit das Auge reicht, erscheint dann als eine riesige Schattenbühne mit dem Aufstieg und Fall von Staaten, Reichen oder Kulturen, und darin eingeschlossen die Empfindung, daß auch die eigene Epoche ihren nur befristeten Auftritt habe. Historisches Interesse solcher Art kommt aus dem Vorauswissen vom unvermeidlichen Ende jeder Form des Lebens und sieht sich vom Vergangenen als einem ewigen Metaphernspiel des Vergänglichen angezogen. Der Anwendungsfall für diese Überlegung ist Jacob Burckhardt.

Sein Leben fiel in eine äußerlich ruhige Zeit, in jenes 19. Jahrhundert, das in seiner ersten Hälfte von biedermeierlichen Zügen und später ganz überwiegend von großartigen Stimmungen des Aufbruchs und der Zukunftserwartung geprägt war. Nach Studienaufenthalten in Berlin und zwischendurch in Bonn zog er sich früh ins abseits gelegene, von aller Epochenunruhe verschonte Basel zurück, die Angespanntheit, Nervosität und pompöse Hektik des Großstadtwesens waren ihm zeitlebens nicht geheuer, und von Richard Wagner meinte er bezeichnenderweise, er habe eigentlich nach Berlin gehört. Und in Basel, wo seine Vorfahren seit dem beginnenden 16. Jahrhundert als einflußreiche Handelsherren, humanistische Gelehrte, Professoren und Prediger gewirkt hatten, blieb er dann zeitlebens, wenn auch nicht ohne Anfälle von Mißgelauntheit über die Stadt, die ihn «so langweilig und philiströs» anblicke, wie er einmal schrieb, und unter deren «Geldbrozen» es kein rechter Mensch aushalten könne. Aber er war eingebunden in jene alte städtische Tradition, die von der eigenen Familie mitgeprägt war, sowie ausgestattet mit den materiellen und sozialen Sicherheiten, die mit einer patrizischen Herkunft verbunden sind.

Doch zugleich nahm er überall die Bilder von Auflösung und Zerfall wahr und lebte in dem Schrecken einer Endzeit. Die Schwermut und das Vergänglichkeitsbewußtsein, die den anderen, heute verstärkt hervortretenden Zug des 19. Jahrhunderts ausmachen, haben in Jacob Burckhardt, neben Tocqueville, den sicherlich ahnungsvollsten Zeugen gefunden: «Mich überkommt bisweilen ein Grauen, die Zustände Europas möchten einst über Nacht in eine Art Schnellfäule überschlagen, mit plötzlicher Todesschwäche der jetzigen scheinbar erhaltenden Kräfte.» So wenig er das optimistische Grundgefühl der Zeit teilte, so wenig konnte er, anders als die Mehrzahl der Historiker neben ihm, an eine leitende Idee der Geschichte glauben oder gar an einen Fortschritt im Bewußtsein der Freiheit. Seinem vergleichenden Blick erschien keine Epoche als Vorstufe zur jeweils folgenden, es gab kein Vorankommen, alles war nur Hochgetriebenwerden und Zurückfallen, Auftürmen und Erschöpfung, und das immer wieder eingeführte Bild dafür jene Welle, «auf welcher wir im Ozean treiben», und die wir gern kennen möchten: «Allein, wir sind diese Welle selbst.» Dieses überwältigende Grundgefühl erlaubte ihm nicht einmal, wie der geschichtsfromme Ranke, dessen Vorlesungen er in Berlin besucht hatte, eine Art harmonischen Ausgleichs in allen historischen Wechselbewegungen zu erkennen. Er sah sich im «bloßen Zwischenakt» eines gewaltig dramatischen Prozesses und überall die Kräfte am Werk, die blind und ruhelos auf die Katastrophe hinarbeiteten.

In der zivilisationskritischen Unterströmung, die das ganze 19. Jahrhundert begleitet, nimmt Jacob Burckhardt eine ebenso herausragende wie außenseiterische Stellung ein. Seine Verdikte über die «Jetztzeit», wie er, eine von Jean Paul geprägte und von Schopenhauer höhnisch verwendete Worterfindung aufgreifend, mit Vorliebe formulierte, sind nicht weniger schneidend als die aller anderen, von der Zukunft beunruhigten Köpfe. Aber stärker als anderswo ist bei ihm der diagnostische Grund spürbar, aus dem die Ängste kommen, sie sind ein Ergebnis leidenschaftsloser oder jedenfalls von allem Epochenüberschwang unbeirrter Beobachtung, und was ihn beispielsweise von dem mit so weithin dröhnendem Echo wirkenden Julius Langbehn sowie überhaupt von der kulturpessimistischen Richtung in Deutschland unterschied, war insbesondere die Unangefochtenheit von allen dumpfen, antiintellektualistischen und schließlich nationalaggressiven Begleittönen. Das sentimentale Zurückrufen einer urtümlichen Lebensform, des Bäuerischen und Erdigen, das dort beschworen wurde, die bemühten Remythologisierungsversuche blieben ihm zeitlebens eine finstere Marotte. «Der Weg zu den Anfängen führt überall zur Barbarei», meinte er mit Nietzsche, und statt einen idealen Urzustand herbeizuträumen, ängstigte Burckhardt sich in der als unvermeidlich erkannten Modernität um den Rang dessen, was Europa einzigartig gemacht hatte: eine als nur dünner Firnis die animalische «Garantielosigkeit» des Menschen verdeckende Tradition der Bildung, der Kunst und der humanen Maßstäbe, dies alles hervorgegangen aus der rivalisierenden Farbigkeit sehr verschiedenartig ausgezeichneter Nationen.

Außenseiterisch war seine Stellung auch in der Wissenschaft. Die vor allem von Mommsen vorangetriebene große Bewegung des 19. Jahrhunderts zum organisierten Wissenschaftsbetrieb mit einem wachsenden Heer hochspezialisierter Fachleute war ihm nicht nur fremd, sondern auch zuwider, und er hielt sich nicht wenig darauf zugute, gegen alle Zeittendenz den Typus des altmodischen Universalgelehrten mit breiten Kenntnissen und Neigungen zu verkörpern. Immer wieder stößt man auf ironische Bekundungen der eigenen «Unwissenschaftlichkeit», auf Beißendes über die «Quisquilienforschung» und den Hochmut der Fachgelehrten, «die der liebe Gott gemacht habe, weil er bisweilen auch seinen Jocus» haben wolle. Den Forscher, dessen Existenz rückstandslos im Erforschten aufgeht, hielt er für eine déformation professionelle, und auf dem Grunde aller Objektivitätstheorien witterte er einen Mangel an Persönlichkeit und an lebendiger Wertvorstellung, der das Bewußtsein der eigenen Unzulänglichkeit zum Studierstubenethos stilisierte. Das war gegen Mommsen so gut wie gegen Ranke gerichtet. Mit der provozierenden Laune, die ihn oft überkam, stellte er sich gegen das ganze Wissenschaftspathos der Zeit, wenn er schrieb, wir sollten nicht vieles wissen, sondern vieles begreifend lieben.

Aus dem gleichen Grunde pflegte er sich als «Dilettanten» zu bezeichnen, und einer seiner Schüler hat die Äußerung überliefert, daß er zwar das Wissenschaftliche liebe, «aber nicht das Streng-Wissenschaftliche!» Die Spezialisierung habe einen Punkt erreicht, wo mancher «die Fähigkeit der allgemeinen Übersicht, ja die Würdigung derselben einbüßt, während er in allem übrigen nicht einmal Dilettant, sondern Ignorant ist». In die gleiche Richtung zielte seine Bemerkung, es sei «der Schande werth, daß die Werke der meisten deutschen Historiker nur von Gelehrten gelesen» würden. Im Gegensatz dazu wende er sich an die Gebildeten; dieses «Gelübde habe ich mir gethan», schreibt er schon in jungen Jahren, er wolle nicht eine Schule gründen, was immer nur die Sache mittelgroßer Köpfe sei, sondern

Menschen mit der Fähigkeit zu selbständigem Denken heranbilden.

Es war, faßt man alles zusammen, dem Inhalt, der Methode und dem Ziel nach Geschichtsstudium in weltbürgerlicher Absicht, was er betreiben und lehren wollte. Auch darin wird Burckhardts Distanz zur eigenen Epoche spürbar. In der Vorrede zu seinem ersten großen Werk, der Arbeit über das Zeitalter Constantins des Großen, heißt es, er wolle nicht eine «Enzyklopaedie des Wissenswürdigen» vorlegen, sondern «die bezeichnenden, wesentlichen charakteristischen Umrisse der damaligen Welt zu einem anschaulichen Bilde» sammeln. Im Gegensatz zu dem Quellenfuror der Zeit, der die Aufgabe der Wissenschaft im Aufspüren, Ordnen und Klassifizieren des Unentdeckten sah, beharrte er darauf, daß es weniger darauf ankomme, die Quellen zu vermehren als die vorhandenen zu benutzen, und sah beispielsweise in den jedermann zugänglichen Kunstwerken einer Epoche gänzlich unausgeschöpfte und überdies von jeder Verfälschungsabsicht freie Materialien, die man nur lesen können müsse. Was statt dessen hochkam und in die vielen «Monumenta» einging, nannte er, bei allen Verdiensten im einzelnen, «subalternes» Spezialistentum und «Schuttschleppen». Umgekehrt äußerte sich der führende Hellenist der Zeit, Ulrich von Wilamowitz-Moellendorff, über Burckhardts «Griechische Kulturgeschichte», wie das «strenge» Fachgelehrtentum über alle seine Werke urteilte: daß sie für die Wissenschaft nicht existierten.

Auch Burckhardts anderes großes Werk der frühen Jahre, «Die Kultur der Renaissance in Italien», das ihn mit einem Schlage berühmt machte, zeichnet sich weniger durch neue Funde und Forschungsergebnisse als durch die Originalität der Einsichten aus, die er dem überwiegend Bekannten abgewann. Mit Bedauern sprach er von den jungen Historikern, die aufopfernd entlegene Inschriften entzifferten, aber Herodot nicht kennten und nicht die Fülle des Überlieferten. Und als wolle er den Widerspruch zur Fachwissenschaft auf die Spitze treiben, verwendete er für die Renaissancedarstellung ausschließlich gedruckte, jedermann zugängliche Quellen, während alle Welt die methodische Errungenschaft gegenüber der Vergangenheit gerade in der Erforschung ungedruckter Quellen und nie eingesehener Archivbestände sah. Aber selbst die einen wie die anderen Materialien, alles Geschriebene überhaupt, kam für Burckhardt nicht einmal an vorderster Stelle, es wurde den Makel des Papierenen nicht los. Viel wichtiger waren ihm die Neugier sowie die Fähigkeit, das Überlieferte mit dem Blick des ersten Mals zu lesen und die Kunst der Fragestellung zu beherrschen.

Wie ein Ausdruck derselben Widersetzlichkeit wirkte es auf die historischen Schulen gleich welcher Richtung, daß er die politischen und wirtschaftsrevolutionären Vorgänge der Renaissance nur nebenhin, vor allem in ihren Wirkungen auf die Menschen oder die Kultur behandelte. Darüber hinaus mißachtete das Werk aber auch die Schnittlinien, an denen jene Konflikte entbrannten, die der Gegenstand des herkömmlichen historischen Interesses waren, wo Völker oder Nationen aufeinanderstießen, Stände oder Konfessionen sich in tödliche Streitereien verstrickten. Angesichts des Jahrhunderts von Michelangelo und Alberti, das er darstellte, von Raffael und Bramante, gerieten ihm solche Gegensätze aus dem Auge. Was er erstehen ließ, war ein Kapitel gemeinsamer europäischer Herkunftsgeschichte, und deren Krise hatte, damals wie gegenwärtig, so meinte er, viel mehr mit dem Dauergegensatz zwischen der Kultur und den Kräften ihrer Verneinung zu tun.

Sein Zugang zum historischen Stoff war eher künstlerisch, und tatsächlich hatte er, wie manch andere Historiker des 19. Jahrhunderts, in jungen Jahren einen Gedichtband veröffentlicht und einige Zeit sogar geschwankt, ob er zum Dichter berufen sei. Der Schritt in die Geschichte entstammte denn auch nicht nur der Einsicht in das unzureichende Kunsttalent, sondern war ein Versuch, die wissenschaftlichen mit den unaufgegebenen poetischen Neigungen zu verbinden. An der Geschichte liebte er folglich die Bilder mehr als das System, zu dem sie sich ordnen ließen, und wo er einen Vorgang, einen Charakter oder Zusammenhang mit dem Auge fassen konnte, bildeten sich wie von selbst die Schwerpunkte seiner Darstellung.

Nicht zuletzt diese an herrscherliche Willkür grenzende Eigenart hat ihn von Hegel und aller geschichtsphilosophischen Betrachtungsweise überhaupt getrennt, deren offenste Hypothesen sich noch den Anschein gaben, die Einsicht in den Gang der Dinge zu besitzen. Im schroffsten Gegensatz dazu beschied Burckhardt kurzerhand, der Mensch sei «nicht eingeweiht in die Zwecke des Weltplanes». Von allem Anfang an hielt er sich denn auch von den scharfsinnigen, ihm aber nur beliebig scheinenden Konstruktionen über den Geschichtsverlauf frei, stellte die notgedrungen perspektivischen Verzerrungen durch eine bestimmte Zeitgenossenschaft in Rechnung und vermied die großen Worte sei es der Bewunderung, der Entrüstung oder der Allwissenheit. Was ihn letzten Endes zur Geschichte gebracht hatte und zugleich von allen spekulativen Neigungen freihielt, hat er in einem Brief an Karl Fresenius aus dem Jahre 1842 formuliert: «Die Geschichte ist und bleibt mir Poesie im größten Maßstab; wohl verstanden, ich betrachte sie nicht etwa romantisch-phantastisch, was zu nichts taugen würde, sondern als einen wundersamen Prozeß von Verpuppungen und neuen, ewig neuen Enthüllungen des Geistes. Ihr Philosophen dagegen geht weiter, Euer System dringt in die Tiefen der Weltgeheimnisse ein, und die Geschichte ist Euch eine Erkenntnisquelle, eine Wissenschaft, weil ihr das primum agens seht oder zu sehen glaubt, wo für mich Geheimnis und Poesie ist.»

Was man an Burckhardts Darstellung zu Recht immer wieder gerühmt hat, ist denn auch die Fähigkeit, komplexe historische Stoffe in schriftstellerische Form zu übersetzen und aus Wissenschaft

Kunst zu machen. Der Puls und die Farbe stammten daher, daß die Geschichte für ihn kein abgetanes Geschehen, keine vergangene Vergangenheit war, sondern ein Überlieferungszusammenhang, in dem er selber lebte und wirkte. Mittelalter, Renaissance, die Machtkonstellationen des 18. Jahrhunderts oder die Französische Revolution: es war alles Biographie. Formal kam ihm dabei die Bildhaftigkeit seiner Sprache, das Vermögen, Licht und Dunkel zu verteilen, sowie ein bohrender psychologischer Spürsinn zugute, und alles zusammen bewirkte, daß er Menschen und Zeiten aus den Schatten, in die das Vergangene stets zurückfällt, wieder ins Leben holte. Im Grunde war die besondere Plastizität seiner Darstellung nur die Spiegelung des eigenen «enormen Durstes nach Anschauung», von dem er früh gesprochen hat. Er könne nichts leisten, heißt es einmal, wo er nicht «ein Bild aus seinem Innern aufs Papier bringen» müsse, jeden seiner Gedanken habe er «an etwas Äußeres» anzuknüpfen. Infolgedessen glaubte er auch, zum philosophischen Denken unfähig zu sein.

Dennoch war er kein Erzähler. Schon der Anlage nach zeigen seine Darstellungen den Vorrang des Gedanklichen, der Reflexion und des Vergleichs. Immer wieder treten interessante Nebenaspekte ins Bild, psychologische und quellenkritische Erwägungen, und alle Lust am Räsonnement hindert ihn nicht, die eigenen Zweifel aufzudecken. Im ganzen ist es, auch in der Kunst des Weglassens, ein eher zeichnerisches Verfahren, das er anwendet, mehr

Essay als Epos, und es hat zur Folge, daß Burckhardt weniger Prozesse und den Gang des Geschehens nachbildet, als vielmehr die Zeit für einen, meist mit dramatischem Sinn gewählten, Augenblick stillstellt, um nach Art eines Porträtisten in scharfen, charakteristischen Momentaufnahmen ihr Wesen zu enthüllen. Dabei sind der Mittelgrund und alles, was dahinter liegt, nicht weniger bedeutsam als der Vordergrund mitsamt den beherrschenden Akteuren, den «Zeugen ersten Ranges im großen Verhör». Treffend hat Erwin Rohde, der Freund Nietzsches, Burckhardts Stil als «in Anschauung denkend» bezeichnet.

Es hat nicht zuletzt mit diesem darstellerischen Verfahren zu tun, daß Burckhardt als Historiker jene Zeiten bevorzugte, die eine große Kultur im Augenblick der Euphorie zeigen, an deren Farbigkeit erst dem späteren Betrachter die Zeichen exzentrischer Überspannung aufgehen, und wieviel fiebrige Agonie in dem Glanz war, den sie verbreiteten: Epochen des Verfalls vor allem oder doch des Übergangs. Die hellenische Antike, die constantinische Epoche, die italienische Renaissance. Droysen hat von Burckhardts Vorliebe für «verrottete Zeiten» gesprochen. Gleichzeitig und sogar mehr noch aber hatten diese Vorzugsthemen mit seinem Hang zum «Parallelisieren» zu tun, von dem er gesprochen hat, dem dauernden Bemühen, im Veränderlichen das Bleibende zu entdecken. In den Zeiten, die «rittlings über der Scheide zweier Epochen schweben», erkannte er die eigene wieder. Und wenn man sein Leben, wie vor allem die Briefe bezeugen, als eine anhaltende, verzweifelte Anstrengung gegen den Niedergang und die Tendenzen kultureller Auflösung ansehen kann, die er überall wahrnahm, war er doch fasziniert von den Prozessen der Alterung des Lebens.

Die große Parabel war die Antike, und mit der immer wieder neu und anders ansetzenden Frage nach den Ursachen ihres Untergangs hat er sich in das nie abreißende, von Polybios und Augustin über Dante und Machiavelli bis hin zu Montesquieu und Gibbon geführte, europäische Romgespräch eingeschaltet. Die Antwort, die er fand, war so charakteristisch wie hoffnungslos für die eigene Zeit. Es war nicht so sehr die Überwältigung von außen oder, wie noch Gibbon behauptet hatte, die zersetzende Macht des Christentums, die Roms Ruin herbeigeführt hatte, sondern innere Zerrüttung, ausgegebene Kraft und zu Ende gelebtes Leben. Auch hierin drängten sich ihm die anthropomorphen Bilder auf: Wie der Mensch seine Zeit habe bis zu Entkräftung und Sterben, so auch die Völker und Kulturen. Jacob Burckhardt sprach vom «Todesbett des Altertums».

In alledem steckte eine merkwürdige Mischung von Fatalismus und Aufbegehren. Für kurze Zeit, während seiner studentischen Jahre, hatte Jacob Burckhardt sich von den liberalen und demokratischen Stimmungen der Epoche erfassen lassen und danach seine politischen Neigungen sogar kenntlich gemacht, indem er, neben den ersten Vorlesungen an der Universität seiner Heimatstadt, für die konservative «Basler Zeitung» als Redakteur arbeitete. Er blieb liberal, soweit es gegen Polizeistaat, Zensur und andere Formen der Unfreiheit ging. Gleichzeitig aber graute ihm vor allem Radikalismus, vor den Eruptionen der Massenseele, der «republikanischen Zankfähigkeit», er habe den Volksmännern, wie er schrieb, «ins wüste, versoffene Auge gesehen». Als Basler und Schweizer hatte er aber auch, wie Hermann Heimpel einmal bemerkt hat, im Unterschied zu seinen deutschen Freunden, die Möglichkeit, konservativ zu sein, ohne für die Monarchie eintreten zu müssen.

Doch im Grunde war und blieb ihm die politische Unruhe der Zeit und worauf sie, über die Verfassungsrechte hinaus, gerichtet war, diese ganze, ins Massenhafte gehende Mixtur aus politischer Sehnsucht und materieller Glückserwartung, zutiefst fremd, er sah darin nichts anderes als die Anzeichen einer Krise, die «Alteuropa», wie er mit schon wehmütigem Blick zurück zu sagen pflegte, zugrunde richten würde. Als er daher nach wenigen Monaten seine Tätigkeit für die «Basler Zeitung» wieder aufgab, war dies nicht nur, «aus der Notwendigkeit meiner Natur», die Lossage von der aktuellen, parteinehmenden Politik. Die Entscheidung war von prinzipiellerer Art. Sie wandte sich gegen die Übermacht des Politischen überhaupt, sein Eindringen in alle Verhältnisse, sogar in die Wissenschaft, wie eine vor allem von Deutschland her ausgreifende Geschichtsauffassung offenbarte, die sich zunehmend von Rankes universalen Kategorien entfernte und allem ihre nationalen Aspirationen unterlegte. Im Gegensatz dazu hielt er daran fest, daß die Gegenwart den Blick fürs Gewesene nur schärfen, nicht perspektivisch verändern dürfe, so wie die Vergangenheit den Blick fürs Gegenwärtige auszubilden habe. Als Aufgabe trat ihm immer deutlicher ins Bewußtsein, im Einstigen das Eigene, die dauernde Bewegung von Aufstieg und Abgang der Kulturen sichtbar zu machen, das zähe Aufderstelletreten in allem Vorwärtsdrängen.

Es war diese Einsicht, die ihn gegen den Optimismus der Zeitgenossen wappnete; das Neue war das Neue nicht, sondern nur das Alte in anderer Drapierung und überdies erkauft mit Verlusten und Abschieden, die den Handelnden so leicht fallen wie sie die Betrachtenden schmerzen. Insoweit war der Rückzug aus der Politik zugleich die Abwendung von der Geschichte der politischen Fakten, der Dynastien, Bündnisse und Bataillen. In den Vorlesungen an der Universität lehrte er sie zwar weiterhin, das erhaltene Verzeichnis vermerkt immer wieder die «Geschichte des Revolutionszeitalters» sowie Themen zur politischen Geschichte der Neuzeit. Aber im Persönlichen, auch in seinen Publikationen, bedeutete es methodisch die Wendung von der Ereignis-Geschichte zur Darstellung vor allem exemplarischer Zustände. Inhaltlich war es die Entscheidung für die Kulturgeschichte und für die Kunst als deren glanzvolle Hinterlassenschaft.

Es war ein Rückzug, sogar eine Flucht, und die kritischen Einwände, die immer wieder und bis heute gegen Burckhardts Wendung ins Apolitische und sogar Antipolitische laut wurden, treffen sämtlich zu: daß er den Geist der Zeit verabscheut, die Idee von Fortschritt und Massenglück als Irrweg angesehen und sich vor dem Neuen, das da heraufkam, in ein Zauberreich des Schönen und Kontemplativen zurückgezogen habe; sogar der Gedanke der Massenbildung schien ihm unerträglich und ein Widerspruch in sich. Wo die Bildung als Menschenrecht gefordert werde, sei sie nur «verhülltes Begehren nach Wohlleben» und schaffe «bloß heraufgeschraubte Mediokritäten», schrieb er so oder ähnlich immer wieder. Seine Verteidiger, die angesichts seiner zahllosen weiteren, ungeniert «reaktionären» Einlassungen auf die «differenzierte» Persönlichkeit, ihre Ängste und Widersprüche verweisen, gehen, wie ungewollt auch immer, von der Berechtigung des Vorwurfs aus, daß der Affekt gegen die Politik ein Versagen vor den Forderungen des Tages einschließe, ganz, als ob die Erkenntnisarbeit nicht auch ihre Forderungen und Ansprüche kenne. Burckhardt kam aus alten Verhältnissen und wußte, daß die Leidenschaft für das Denken keine andere Leidenschaft neben sich duldet, ohne zumindest Gefahr zu laufen, sich zu korrumpieren. Infolgedessen sah er sich durch die Kritik, soweit sie damals schon laut wurde, gerade ins Recht gesetzt.

Auf der anderen Seite stand hinter seinem «Malismus» gegen die moderne Zeit die Vorstellung, daß mit der Französischen Revolution ein Krisenprozeß eingesetzt habe, der, aller trügerischen Augenblicksruhe zuwider, noch lange nicht auf dem Höhepunkt angelangt sei und den Bruch mit allem bringen werde, was Europa groß und verehrungswürdig gemacht habe: «Es ist ein und derselbe Sturm, der seit 1789 die Menschheit erfaßt hat und auch uns weiterträgt.»

Was als gemeinsamer Antrieb von der Politik bis hin zur Kunst den prekären, immer gefährdeten Grund allen Daseins unterhöhlte und dem Untergang überantwortete, war die Erhebung des Subjekts, seiner Launen und Egoismen, zum letzten Maßstab. «Die furchtbar gesteigerte Berechtigung des Individuums», schrieb er 1842 an Gottfried Kinkel, «besteht darin: cogito (ob richtig oder falsch gilt gleich) ergo regno.»

Die Folge mußte jene «tabula rasa aller Verhältnisse» sein, auf die er die Dinge zutreiben sah. Das 19. Jahrhundert, klagte er, besitze seither keinen Grund mehr, keinen Stil, keine Würde und habe die «Reversibilität von allem und jedem» zu seiner Maxime erhoben. Eben dies trenne die Gegenwart von jeglicher Vergangenheit, in der Überlieferungen und Traditionen ein nie in Frage gestelltes, wie brüchig auch immer gelegtes Fundament hergaben. Er zog sogar die eigene Wissenschaft in diesen Zweifel hinein und meinte, die historische Leidenschaft des Jahrhunderts sei nichts anderes als ein Symptom für den Verlust der Geschichte als lebendiger Zusammenhang. Vergangenheitslos und folglich ohne Orientierung gehe jetzt jedermann zur «Partei» der Politik, der Geschäfte und des schnellen Reichtums über und keine Verbindlichkeit halte das Begehren auf. Von Deutschland heißt es einmal, es sei dabei, den Weg von der Kulturnation zur bloßen Staatsnation zu gehen, aber es habe nun einmal «die Politik zu seinem Prinzip gemacht, es wird's nun tragen müssen». Solche und andere Äußerungen klingen mitunter, bis in die Formulierung hinein, wie ein Vorecho auf die Abwehrreflexe eines anderen, sehr verschiedenen und doch verwandten unpolitischen Betrachters.

Jacob Burckhardts Sorge, auf dünnem Grund über «furchtbaren Spalten und Klüften» zu stehen, «welche unser Leben unterirdisch durchziehen», sein Endzeitbewußtsein, ließ ihn noch einmal zurücksehen, damit, wie er bei Ranke gelernt hatte, das Erlebte nicht wieder verlorengehe und eine irdische Unsterblichkeit entstehe. Angesichts der Zeitenkehre, deren Symptome er überall wahrnahm, der Wendung von «Geist» und «alteuropäischer Bildung» zum «Stoff»: zu Geld, Verkehr und Kapitalismus, zu Militärmacht, Nationalismus und Demokratie mitsamt der Aufzehrung des Individuellen, die für ihn daraus folgte, verfestigte sich seine Überzeugung, daß Erkenntnis soviel wie Zurückrufung heiße und der denkende zugleich der sich erinnernde Mensch sei. Die vielfältigen Gründe für seine frühe Abkehr von der Politik und die Hinwendung zu dem, was ihn fortan beschäftigte, hat der Achtundzwanzigjährige 1846 in einem Brief an

Hermann Schauenburg zusammengefaßt, der zu den Schlüsseldokumenten seines Lebens zählt:

«Ich glaube in Euern Augen einen stillen Vorwurf zu lesen, weil ich so leichtfertig der südländischen Schwelgerei, als da sind Kunst und Altertum, nachgehe, während die Welt in Geburtswehen liegt ... und die Vorboten des sozialen jüngsten Tages vor der Tür sind. In Gottes Namen! Ändern kann ichs doch nicht und, ehe die allgemeine Barbarei (denn anderes sehe ich zunächst nicht vor) hereinbricht, will ich noch ein rechtes Auge voll aristokratischer Bildungsschwelgerei zu mir nehmen, um dereinst, wenn die soziale Revolution sich einen Augenblick ausgetobt hat, bei der unvermeidlichen Restauration tätig sein zu können ... Ihr werdet sehen, welche sauberen Geister in den nächsten zwanzig Jahren aus dem Boden steigen werden! Was jetzt vor dem Vorhang herumhüpft, die kommunistischen Dichter und Maler und dergleichen, sind bloß die Bajazzi, welche das Publikum vorläufig disponieren. Ihr alle wißt noch nicht, was Volk ist, und wie leicht das Volk in barbarischen Pöbel umschlägt. Ihr wißt nicht, welche Tyrannei über den Geist ausgeübt werden wird, unter dem Vorwand, daß die Bildung eine geheime Verbündete des Kapitals sei, das man vernichten müsse. Ganz närrisch kommen mir diejenigen vor, welche verhoffen, durch ihre Philosopheme die Bewegung leiten und im rechten Gleise erhalten zu können. Sie sind die feuillants der bevorstehenden Bewegung; letztere aber wird sich so gut wie die Französische Revolution in Gestalt eines Naturereignisses entwickeln und alles an sich ziehen, was die menschliche Natur Höllisches in sich hat. Ich möchte diese Zeiten nicht mehr erleben, wenn ich nicht dazu verpflichtet wäre; denn ich will retten helfen, so viel meines schwachen Ortes ist ... Untergehen können wir alle; ich aber will mir wenigstens das Interesse aussuchen, für welches ich untergehen soll, nämlich die Bildung Alteuropas.»

Man kann diesen Brief und die depressive Gereiztheit der Vorhersagen unschwer als Ausdruck der großen Angst abtun, die das bürgerliche 19. Jahrhundert beherrscht hat. Aber zu Recht hat Werner Kaegi darauf hingewiesen, daß der Irrtum nur «die zu kurz gesehenen Zeiträume» betrifft. Wichtiger ist, daß der tiefe Pessimismus, der Jacob Burckhardt schon früh erfaßt hat, zu den Voraussetzungen seiner Produktivität zählt und auch hinter der unermüdlichen Leidenschaft des Sammelns und Beschreibens steht, die «die Herrlichkeiten dieser Welt» wenigstens im Wort festhalten wollte, die in der Wirklichkeit verloren schienen.

Die nahezu programmatische Bedeutung, die der Brief im Lebensentwurf des Verfassers besitzt, wird noch dadurch unterstrichen, daß Burckhardt wenige Tage später zu einem längeren Aufenthalt nach Italien aufbrach, ins «bessere Jenseits», wie er schrieb. Zunächst nach Mailand, dann «über Genua und Livorno unaufhaltsam vorwärts nach dem ewigen, unparteiischen, unmodernen, tendenzlosen, großartig abgetanen Rom» – und jedes der Adjektive, mit denen er die Stadt kennzeichnete, hatte etwas von einem Bekenntnis zu den Dingen, an die er sich künftig halten wollte.

Doch war Burckhardts Italienerlebnis nicht nur gelehrter und allenfalls genießender Art. Vielmehr umfaßte es darüber hinaus alle Motive, die für die deutsche Sehnsucht nach dem Süden immer bedeutsam gewesen sind: nach Befreiung von der Schwere und Verbindlichkeit sozialer Normen, nach lichteren Schatten, schärferen Konturen und, vor großen Hintergründen, entspannteren Daseinsformen, kurz: nach jener Mischung aus kultureller Verfeinerung und vitaler Ursprünglichkeit, die den Begriff «Italien» für das bürgerliche Zeitalter mit einem so elementaren Herkunft- und Heimatgefühl verknüpft hat. Der Satz, daß jeder Mensch zwei Vaterländer habe, von denen das eine Frankreich sei, entstammt einer späteren, politisierten Zeit, hinter die Burckhardt gerade zurückwollte. Für ihn war das andere Vaterland immer Italien.

Und Italien ist auch, auf die eine oder andere Weise, der Hintergrund aller Werke, die er innerhalb weniger Jahre veröffentlicht hat: der «Zeit Constantins des Großen» (1853), des «Cicerone» (1855), der Generationen als Anleitung und «Stationenbuch» zu den Sehenswürdigkeiten des Landes gedient hat, der «Kultur der Renaissance in Italien» (1860) sowie der «Baukunst der Renaissance» (1867). Zwar ist die Forschung über viele der darin enthaltenen Deutungen unterdessen hinweggegangen, doch hat das den Büchern selber keinen Abbruch getan. Interpretatorische Energie, Einfühlungsvermögen und literarischer Rang haben sie die Zeit überdauern lassen, als Kunstwerke der Wissenschaft. Auch haben sie der Forschung Richtungen gewiesen und Begriffe vermacht; erst mit Burckhardt beginnt das systematische Studium der italienischen Kunst, durch ihn erst erlangt «die Renaissance», die bis dahin überwiegend als ausgehendes Mittelalter oder beginnende Neuzeit gesehen wurde und jedenfalls nicht als Epoche aus eigenem Recht, den seither gültigen Umriß, und Wendungen wie «Der Staat als Kunstwerk» oder «Die Entdeckung der Welt und des Menschen» sind durch ihn geradezu zu Formeln aufschließenden Verständnisses geworden. Bezeichnenderweise sind alle späteren Versuche, die Kultur der Renaissance in Italien, gestützt auf die inzwischen gewonnenen Einrichtungen, im ganzen darzustellen, gescheitert. Burckhardts Werk ist der einzigartige Fall, daß ein Gelehrter eine Wissenschaft begründet und zugleich mehr oder minder abschließt.

Womöglich hat dies auch mit der unwiederholbaren Lebensstimmung zu tun, die das Werk erfüllt und die noch einmal, schon im Abgang, jenes klassische Ideal beschwört, dessen Zeit mit Winckelmann begann und das in Burckhardt seinen letzten Anwalt hatte. Er verwirft Michelangelo, der nicht das Menschliche gesteigert, sondern statt dessen das Übermenschliche, Nicht-Geheure nur gedämpft habe und der Kunst dämonisch imponieren wollte, desgleichen das «verwilderte» Barock mit dem leichtsinnigen, «frechen» Virtuosen Bernini vorneweg, aber auch den «pöbelhaften» Rembrandt, der die Linie dem krassen Lichteffekt geopfert habe und in sein «gemeines Gesicht» vernarrt gewesen sei, wie es von dem Selbstbildnis im Palazzo Pitti heißt. Dem Verdikt verfallen alle Werke, in denen das Genie oder der Blick auf grelle Wirkungen sich über die strengere Regel hinwegsetzen, in der Gegenwart hielt er Delacroix und Richard Wagner für die Protagonisten einer plebejischen Dekadenzkunst. Dahinter stand ein vorromantischer, ganz und gar ungebrochener Begriff des Schönen, der die Kunst als Trost, Verschleierer des Häßlichen und «Erleichterer des Lebens» verstand. Nietzsches Satz aus den «Unzeitgemäßen Betrachtungen»: «Damit der Bogen nicht breche, ist die Kunst da», kommt ebenso aus dieser Denk- und Empfindungswelt wie dessen verwandte Formulierung, daß niemand, der an der Wahrheit leide, den Schein der Kunst entbehren könne, auch wenn Burckhardt diesen Gedanken noch um die Überlegung erweiterte, daß erst die Tröstungen der Kunst den Menschen in die Lage versetzten, den Blick in die Abgründe auszuhalten. Er liebte Raffael und vor allem Rubens, dem er in späten Jahren einen von soviel Anschauungsglück wie Bewunderung zeugenden Huldigungsessay gewidmet hat.

Mit der «Baukunst der Renaissance in Italien» brachen Jacob Burckhardts Publikationen unvermittelt ab, nicht einmal den geplanten und sogar angekündigten Band über die bildende Kunst der Renaissance, der das Hauptstück der Gesamtdarstellung werden sollte, verfaßte er noch. Statt dessen lebte er von da an ganz seiner Lehrtätigkeit sowie den Vorträgen vor der Basler Gesellschaft. Den Zeugnissen zufolge, die wir besitzen, war das Katheder sein eigentlicher Ausdrucksort, die Farbigkeit der Beschreibung und die Kunst der Nuancierung verbanden sich, bei genauester Kenntnis der Quellen, mit gelegentlichen Einschüben des Feierlichen zu dem, was als die «Zauberkunst seines Erzählens» bezeichnet worden ist, in dem die großen Abgänge mit einem wirkungsvoll gesetzten Zitat so wenig fehlten wie die geistvoll-derben Überzeichnungen, so wenn er Heinrich VIII. ein «Stück Speck in Goldstoff» oder «Lümmel und Teufel zugleich» nannte und Cromwell eine Mischung aus geistlicher «Erwecktheit und Flegelei».

Bei allem Ernst, den er seiner akademischen Aufgabe widmete, ist der plötzliche Verzicht auf die literarische Öffentlichkeit nach den zurückliegenden Erfolgen dennoch überraschend. Aber anders als bei Mommsen hat das abbrechende Interesse an breiteren Wirkungen nichts mit einer Verlagerung seiner wissenschaftlichen Zielsetzung zu tun, sondern mit seinem nie veränderten, nur vom frühen Ehrgeiz abgelenkten Wissenschaftsbegriff. Denn er war der Überzeugung, daß die Bücher eine Endgültigkeit vortäuschten, die in der Wissenschaft nicht erreichbar war, sofern sie statt der toten Details, die den Spezialisten so teuer waren, das lebendige Ganze zu überblicken suchte. Er selber hat seine Werke denn auch «flüchtige Improvisationen» genannt und in einem späten Lebensbericht davon wie von etwas Beiläufigem gesprochen, das ihm überdies das Dasein getrübt habe. Die Rechte trat er bereitwillig an Verleger oder junge Wissenschaftler ab, half auch mit Nachträgen und Korrekturen aus und meinte jeweils schon nach kurzer Zeit, die Bücher hätten sich überlebt. Den «Cicerone», der als Reisebegleiter Auflage um Auflage verlangte, nannte er geringschätzig den «verstorbenen Tschitsch und dessen Ignoranz».

Aber ein frühzeitig resignativer Zug, der Burckhardt wiederum aus seiner Zeit entfernt, ist in diesem Vorbehalt gegenüber dem literarischen Werk doch unübersehbar. Da er Diogenes liebte, in dem er sein Ideal von Bedürfnislosigkeit und skeptischer Freiheit verkörpert sah, hat man davon gesprochen, daß er sich in seine «Basler Tonne» verkrochen habe, um von dort aus die Welt und die Geschichte zu betrachten. Jedenfalls besteht sein Gesamtwerk zu einem erheblichen Teil aus postumen Veröffentlichungen, und auf dem Manuskript der Vorlesung «Über geschichtliches Studium», das der Neffe Jacob Oeri 1905, acht Jahre nach Burckhardts Tod, unter dem Titel «Weltgeschichtliche Betrachtungen» aus dem Nachlaß herausgegeben hat, stand der Vermerk des Verfassers: «Zum Verbrennen.»

Der Text, von dem Herausgeber nur an wenigen Stellen zur besseren Lesbarkeit ergänzt, hat, in

Anlage und Durchführung, den freien, improvisiert wirkenden Charakter einer Vorlesung bewahrt, die sich zur Aufgabe setzt, «eine Anzahl von geschichtlichen Betrachtungen und Erforschungen an einen halb zufälligen Gedankengang anzuknüpfen, wie ein andermal an einen anderen». Große Passagen erwecken den Eindruck eines souveränen, aus anhaltendem Umgang mit den geschichtlichen Erscheinungen geführten Selbstgesprächs. Und wenn es bei so viel Detailwissen und so überlegener Freiheit der Betrachtung einen leitenden Gedanken darin gibt, dann ist es die nun mit der Autorität großer Altersweisheit vorgetragene Erkenntnis des Durchgehenden im einzelnen und der Dauer im Wechsel. Denn Subjekt und Objekt, Akteur und Opfer der Geschichte sei durchweg der Mensch, sie kenne weder einen Sinn noch einen Weltgeist und dessen wissende oder unwissende Geschäftsführer. So heißt es gleich zu Beginn: «Unser Ausgangspunkt ist der vom einzig bleibenden und für uns möglichen Zentrum, vom duldenden, strebenden und handelnden Menschen, wie er ist und immer war und sein wird; daher unsere Betrachtung gewissermaßen pathologisch sein wird.»

Das alles läuft auf den entschiedensten Gegensatz zu Hegel und dem optimistischen Diktum von der unendlichen Perfektibilität des in der Geschichte wirkenden Geistes hinaus. Der Geist, hält Burckhardt dagegen, sei von jeher «komplett» gewesen. Alle Geschichte sei nur Blühen, Wachsen und Vergehen, nicht die Vernunft herrsche in ihr oder gar eine Idee, sondern ebensooft das Verhängnis oder irgendeine blinde, zu immer anderen Erscheinungen drängende Kraft. Alle zusammen wälzten sich in ewigem Wechsel fort, gründend und zerstörend, ohne Ziel, ohne Sinn, und immer nur darauf aus, das widerstrebende Alte zu stürzen und neue Formen hervorzutreiben, die wiederum im Triumph die Agonie ahnen ließen. Denn «der Geist ist ein Wühler und arbeitet weiter».

Hauptstück der «Weltgeschichtlichen Betrachtungen» ist das Kapitel «Von den drei Potenzen», den geschichtlichen Hauptkräften Staat, Religion und Kultur in ihrem gegenseitigen Verhältnis. Dabei begreift Jacob Burckhardt den Staat und die Religion als die beiden «stabilen» Mächte, die ihren Grund in dem politischen und metaphysischen Bedürfnis des Menschen haben. Ihnen steht die Kultur als Reich der Freiheit gegenüber, des Beweglichen, Farbigen, Verschiedenartigen. Kultur ist Sprache, Geselligkeit und Technik, die Kunst und die Wissenschaft, sie ist das «europäische» Prinzip, das in naturgegebenem Streit mit den «orientalischen», «barbarischen» und auf Zwangsgeltung pochenden Potenzen des Staates und der Religion liegt. Beide entstehen nur in großen, furchtbaren Augenblicken, und diese Entstehungsart haftet ihnen für immer an, treibt sie zur Unterdrückung alles Spontanen und Individuellen, das seine Sphäre im Kulturellen hat, und zur Ausdehnung der Macht, die «eine Gier und eo ipso unerfüllbar» sei, böse an sich, unglücklich und folglich unglücklich machend. Doch wird die Macht nicht moralisierend gegenüber der Kultur abgewertet. Selbst das Böse ist ein, wie es heißt, «Teil der großen weltgeschichtlichen Ökonomie», und «die wichtigsten materiellen und geistigen Besitztümer der Nationen [entwickeln sich] nur an einem durch Macht gesicherten Dasein». Das eine wie das andere habe sein Recht, es sei nur darauf zu achten, daß keines das Übergewicht erlange.

Der pessimistische Grundton, der in den «Weltgeschichtlichen Betrachtungen» wie in keinem anderen Werk Burckhardts durchschlägt, kommt aus der Beobachtung, daß in jener andauernden Auseinandersetzung, auch in der Gegenwart wieder, die stabilen Potenzen, vor allem der Staat mit der Tendenz zur totalen Macht, im Vordringen seien. Wie eh und je betreibe er, wenn auch unter anderer Verkappung, die «Abdikation des Individuums», diesmal sei es dessen Einbindung in nationale Zwecke und die Entwertung des einzelnen durch den Dauerappell an Hingabe und Dienst im heraufkommenden Kasernenhofstaat. Die Welt, so heißt es einmal, treibe der «Alternative zwischen völliger Demokratie und absolutem, rechtlosem Despotismus» entgegen, und die eine Vorstellung ängstigte Burckhardt so sehr wie die andere.

Denn beide liefen am Ende auf dasselbe hinaus. Das demokratische Gleichheitsprinzip mitsamt der politischen und sozialen Nivellierung führte, wie er es sah, gerade nicht zu selbständigem Denken und Handeln, sondern, bei steigender Abhängigkeit und

Verführbarkeit der Massen, zu einer wachsenden Machtausdehnung des Staates und damit zu einer neuen Form der Tyrannei. In einem berühmt gewordenen Brief, den Jacob Burckhardt zur Zeit der «Weltgeschichtlichen Betrachtungen» unter dem Eindruck des Krieges von 1870/71 schrieb, hat er den Charakter dieser Tyrannei, die das «Militärwesen» zum «Muster allen Daseins» machen werde, in seherischen Worten gezeichnet. Nicht nur Verwaltung, Bildung und Arbeit würden nach diesem Vorbild umgestaltet werden: «Ich habe eine Ahnung, die vor der Hand noch völlig wie Torheit lautet und die mich doch durchaus nicht loslassen will: der Militärstaat muß Großfabrikant werden. Jene Menschenanhäufungen in den großen Werkstätten dürfen nicht in Ewigkeit ihrer Not und ihrer Gier überlassen bleiben; ein bestimmtes und überwachtes Maß von Misere mit Avancement und in Uniform, täglich unter Trommelwirbel begonnen und beschlossen, das ist's, was logisch kommen müßte.»

Den Betrachtungen über die gegenseitige Verflechtung der drei Grundkräfte Staat, Religion und Kultur folgt im Fortgang des Buches eine Abhandlung über die beschleunigten Prozesse der Geschichte, die historischen Krisen, die Revolutionen, Kriege und Restaurationsphasen, auch dies eher eine Pathologie menschlicher Unrast und ihrer Umwälzungsbedürfnisse, die unablässig auf den besseren Zustand drängen, aber doch nur den anderen, anders maskierten erreichen. Einige Passagen daraus gehören, seit sie bekannt wurden, zum Repertoire der großen Zitate politischen Denkens: «Was die Anfangsphysiognomie der Krisen betrifft, so tritt zunächst die negative, anklagende Seite zutage, der angesammelte Protest gegen das Vergangene, vermischt mit Schreckensbildern vor noch größerem, unbekanntem Druck ... Fataliter helfen hiebei besonders alle diejenigen Aufgeregten mit, welche dann von den ersten Exzessen an in Heuler umschlagen. Die um *einer* Sache willen beginnende Krisis hat den übermächtigen Fahrwind vieler andern Sachen mit sich, wobei in betreff derjenigen Kraft, welche definitiv das Feld behaupten wird, bei allen einzelnen Teilnehmern völlige Blindheit herrscht. Die Einzelnen und die Massen schreiben überhaupt alles, was sie drückt, dem bisherigen letzten Zustand auf die Rechnung, während es meist Dinge sind, die der menschlichen Unvollkommenheit als solcher angehören ... Endlich aber machen alle mit, welche irgend etwas anders haben wollen, als es bisher gewesen ist. Und für den ganzen bisherigen Zustand werden durchaus dessen dermalige Träger verantwortlich gemacht, schon weil man nicht nur ändern, sondern Rache üben will und den Toten nicht mehr beikommen kann.» Und schließlich, mit der Skepsis des Mannes, der gerade aus der Betrachtung der historischen Krisenprozesse soviel Einsicht wie Distanz gewonnen hat: «Um relativ nur Weniges zu erreichen ... braucht die Geschichte ganz enorme Veranstaltungen und einen ganz unverhältnismäßigen Lärm. Dasselbe

Phänomen kommt schon im Leben des Einzelnen vor: mit Anspannung des größten Pathos werden Entscheidungen getroffen, aus welchen Wunder was hervorgehen sollte, und aus welchen dann ein ordinäres, aber notwendiges Schicksal folgt.»

Jacob Oeri hat dem Text der Vorlesung in der Veröffentlichung noch zwei Vorträge hinzugefügt, die Burckhardt etwa zur gleichen Zeit außerhalb der Universität vor einem größeren Publikum gehalten hat. Der eine trägt den Titel «Das Individuum und das Allgemeine» und beschäftigt sich mit der historischen Größe, der Verdichtung geschichtlicher Bewegungen in bedeutenden Individuen, in denen «Zeit und Mensch in eine große, geheimnisvolle Verrechnung» treten: neben den Dichtern und Künstlern vor allem die großen Männer der historischen Weltbewegung. Zwar mutet die Frage danach in einer Zeit, in der sozialhistorische und strukturgeschichtliche Ansätze das Feld beherrschen, eigentümlich überholt an. Denn der Tendenz, die Geschichte als strenge, von Gesetzmäßigkeiten bestimmte Wissenschaft zu betreiben, muß das «große Individuum» als eine Art Störfall erscheinen. Die Willkür, mit der es agiert, die selbstgesetzten Ursachen, die nicht fortgedacht werden können, ohne daß ein erheblich verändertes Bild der Ereignisse zutage träte, sowie die Macht, die es, bei allem Eingebundensein in die Zeitverhältnisse, über die Geschichte demonstriert, sind nicht rekonstruierbar und verweigern sich jedem nur rationalen Deutungsschema. Vielleicht liegt in dieser Notwendigkeit, dem gleichsam «aleatorischen» Prinzip, das die große Persönlichkeit immer wieder in den Geschichtsverlauf einführt, einer der Gründe dafür, warum sie nach wie vor gleichwohl auf ein so unvermindertes historisches Interesse stößt und die Frage nach ihrer Rolle und Bedeutung nicht veralten kann; als wüßten die Menschen besser als die Wissenschaft, daß die Geschichte nicht in vernunftgemäßen Formeln aufgeht und die Determinationszwänge, auf die alles Denken in Strukturen hinausläuft, ihr die Freiheit und die Farbe entziehen, die ihr Wesen ist.

Gleichzeitig aber faßt Burckhardt auch die andere Seite des Problems ins Auge, das Vergöttlichungsverlangen derer, durch die das große oder nur scheinbar große Individuum, die bloß «kräftigen Ruinierer», erst zur Größe kommen: Wir entdecken «in uns ein Gefühl der unechtesten Art, nämlich ein Bedürfnis der Unterwürfigkeit und des Staunens, ein Verlangen, uns an einem für groß gehaltenen Eindruck zu berauschen und darüber zu phantasieren. Ganze Völker können auf diese Weise ihre Erniedrigung rechtfertigen ...»

Dem Kapitel über die großen Individuen folgt schließlich die Abhandlung «Über Glück und Unglück in der Weltgeschichte», eine Art Schule der historischen Betrachtung: über die optischen Täuschungen, die sich so leicht einstellen, die Interpretationsverzerrungen aus Ungeduld, Mitleid und politischer Voreingenommenheit, den Einfluß irgendwelcher «Wünschbarkeiten». Immer sei es die

Ursache historischer Falschbewertungen, einen Grundgedanken in die Geschichte hineinzudenken. Doch meldet sich sogleich auch die Überlegung, ob die Frage nach Glück und Unglück überhaupt zulässig sei. Nicht anders als Hegel wußte auch Burckhardt, daß die Weltgeschichte nicht der Boden des Glücks ist. Glück setzt Beharrung voraus, ein Zurruhekommen aller Spannungen und weiterdrängenden Energien, während Leben, «nur in der Bewegung [ist], so schmerzlich sie sei». Am Ende steht die bezeichnende Erwägung, daß man versuchen müsse, den Begriff des Glücks im Völkerleben überhaupt loszuwerden und nur den des Unglücks beizubehalten. Denn die Geschichte sei, vom Menschen her gesehen, fast nur Tragödie und Schrecken. Glück dagegen sei, wie es in den feierlich bewegten Schlußsätzen der «Weltgeschichtlichen Betrachtungen» heißt, nur in der für irdische Wesen freilich nicht zugänglichen Erkenntnis des «wunderbaren Schauspiels» zu finden, wie der Geist der Menschheit sich immer neue Wohnungen baut. Das gälte auch für die eigene Zeit der Krisis und des Schwankens aller Verhältnisse. «Wer hievon eine Ahnung hätte, würde des Glückes und Unglückes völlig vergessen und in lauter Sehnsucht nach dieser Erkenntnis dahinleben.»

Man hat den Betrachtungen vorgeworfen, sie seien ein Buch «ohne Metaphysik», auch ohne Idee, und leugneten den Prozeßcharakter der Geschichte zum immer Neuen, so daß sie schließlich als sinnloses, blutiges Kreislaufen erscheine. Vielleicht hat ein

Teil dieser Vorbehalte damit zu tun, daß Burckhardt keiner Schule angehörte und mit seinen Kategorien ebenso wie mit seinen Urteilen quer zu allen herrschenden Auffassungen des Historismus wie des Hegelianismus stand. In der Tat war die Geschichte für ihn nichts anderes als eine Flucht wechselnder Bilder auf meist düsterem Grund, und in dem anderen bedeutenden, postum veröffentlichten Werk, der «Griechischen Kulturgeschichte», hat er auch die klassische Antike in sein pessimistisches Weltbild einbezogen und, in Anknüpfung an seinen Berliner Lehrer August Boeckh, das von Winckelmann und der deutschen Klassik herstammende lichte Bild eines ewigen Arkadiens ins Schwärzliche umgefärbt: in der Beschreibung der «großartigen und zugleich schrecklichen Polis», den Überlegungen zum agonalen Trieb der Griechen, der sich nicht, wie man lange gemeint hatte, vorwiegend in Politik, Dichtung und Kunst äußerte, sondern auch im wütenden Dauerkrieg zwischen Hellenen und Hellenen mit seinen Gewalttätigkeiten und Menschenopfern und der, aufs furchtbare Ganze gesehen, weniger ein Eroberungs- und Herrschaftsehrgeiz war als vielmehr eine zerrüttende Krankheit. Die «Griechen, also erstens Mörder von Mitgriechen und zweitens kunstsinnig», heißt es einmal, und Burckhardt hat diesen Widerspruch nie aufzulösen versucht, sondern ihn mehr und mehr als Grundfrage schlechthin empfunden: Was die Leistungen der Kultur an Leiden gekostet haben und über welchen Abgründen sich erhebt, was dem späteren Betrachter nur noch Gefühle des Staunens und der Bewunderung abnötigt.

Es sei von «diesem feindseligen, alten Pessimisten so gut wie nichts zu lernen», schrieb eine große amerikanische Zeitung 1943, als die erste englischsprachige Übersetzung der «Weltgeschichtlichen Betrachtungen» erschien. Aber das war noch von jenem zukunftsgewissen Hochmut getragen, der Europa etwa um die gleiche Zeit abhanden kam. Friedrich Meinecke jedenfalls sprach gegen Ende des Krieges einmal, im Blick auf Jacob Burckhardt, von «Rankes gar zu leicht erobertem Welttrost» und fragte einige Zeit später sogar, ob Burckhardt nicht «am Ende wichtiger werden» könne als Ranke.

Eine Zeitlang war er es auch. Die Erfahrungen der ersten Jahrhunderthälfte schienen wie eine Bestätigung seiner Katastrophenahnungen. Aber es blieb bei satzweisen Zitaten. Der antipolitische Affekt Jacob Burckhardts, der ein Element aristokratischen Unverständnisses für die demokratische Epochentendenz enthielt, schuf viele Vorbehalte, zumal man darin eine der wenn auch anderswo hervorgetretenen Ursachen für manche autoritären und später sogar totalitären Anfälligkeiten erkannte. Und als Ende der sechziger Jahre, im Zeichen all der Aufbrüche ins Utopische, ein schwärmerischer oder auch erbitterter Optimismus vorherrschend wurde und in der Wissenschaft die Sozialgeschichte mit ihren Optimismen das Terrain besetzte, geriet Jacob Burckhardt mitsamt seinem wunschfreien Altersrealismus wieder in jene Außenseiterposition, die er schon zu Lebzeiten eingenommen hatte. Wo alles sich an emanzipatorischen Prozessen orientierte und deren Horizont mit verheißungsvollen Lichtern besetzte, mußte ein Denken merkwürdig anachronistisch wirken, das in der Geschichte ewige Wiederholungen, sinnlose Spasmen, nichts als Wellenbewegungen sowie das schöne und schreckliche Spiel von Naturkräften erkannte und sich eine Heilung nur davon erhoffte, daß «endlich der verrückte Optimismus bei groß und klein wieder aus den Gehirnen verschwände». Und wo Bildung als «Bürgerrecht» proklamiert wurde, nahm seine Überzeugung sich absurd aus, daß sie zu mühsam zu erwerben und zu schwer zu lieben sei, als daß sie je Allgemeingut werden könnte.

Dennoch könnten ihm die Umstände zu unerwarteter Resonanz verhelfen. Aber diesmal wären es weniger Pessimismus und Untergangsempfindung, die ihn dem Bewußtsein näherrückten. Worin die Gegenwart sich wiedererkennt, hat mehr mit seinem Argwohn gegenüber allen geschichtsphilosophischen Konstruktionen zu tun. Was er in einzelgängerischem Skeptizismus formulierte, ist unterdessen, wenn auch bisher noch widerstrebend hingenommen, eine sich verfestigende Gewißheit für alle geworden. Denn mit dem Zusammenbruch des Kommunismus ist nicht nur eine weltliche Heilslehre zugrundegegangen sowie ein Imperium, das darauf gründete. Dergleichen füllt nur den Vordergrund des Geschehens, dessen Zeugen wir sind. Zur Epochenzäsur wird es, weil damit zugleich jener Glaube an die Allmacht von Mensch und Vernunft endet, der die gesamte Neuzeit beherrschte. Sein stolzer Kardinalpunkt war, die Entwicklungsgesetze und damit das Ziel der Geschichte erkennen zu können, und alle großen Welterklärungsformeln, bis hin zu Karl Marx und den bis gestern noch so selbstbewußten Exegetenscharen in seinem Gefolge, gaben eben dies zu wissen vor. Mit ihrem Scheitern endet eine Zuversicht, die weit und bis zum Beginn der Neuzeit zurückreicht.

Auch jene neuere These, die daraus die Folgerung zu ziehen schien und das «Ende der Geschichte» ausrief, war nichts anderes als ein Nachläufer des Bedürfnisses, dem Gang der Dinge eine plausible Deutung abzugewinnen. Insoweit entstammte sie noch ganz dem Zeitalter, dessen Abschluß sie dekretierte. Zugrunde lag ihr noch immer die zusehends brüchiger werdende Überzeugung, daß der Mensch in der unendlichen Bilderwoge der Geschichte einen Orientierungspunkt zu fassen vermöge, während Burckhardt nichts anderes entdeckte als elementar sich umwälzende Kräfte, deren Bewegung das einzige, erkennbare Ziel war.

Der Blick auf die wechselhafte, zwischen Annäherung und Unverständnis schwankende Rezeptionsgeschichte Jacob Burckhardts lehrt im Grunde nur, daß es damit noch kein Ende hat. Gerade dies aber könnte zugleich ein Indiz dafür sein, daß er nicht der Autor einer bestimmten Zeit, sondern aller Zeit ist. Dem «subalternen Geist», dessen Herrschaft er mit häufig aus der Resignation in Zorn umschlagendem Schrecken heraufkommen sah, hielt er gern entgegen, daß er den Widerspruch nicht ertrage und nur das Übereinstimmende gelten lasse. Womöglich ist der Anachronismus, der ihm verschiedentlich vorgeworfen wurde, nichts anderes als die aus aller Zeitgenossenschaft immer heraustretende Unabhängigkeit des Denkens.

Infolgedessen kann auch dahingestellt bleiben, ob Jacob Burckhardt der Gegenwart wieder nähergerückt ist. Was sein Werk, jenseits aller zeitabhängigen Verschiebungen, vermitteln kann, sind der Sinn für Distanz und die wirkliche Freiheit des Urteils. Auch Skepsis den Erscheinungen wie den eigenen Befangenheiten gegenüber, an denen der Zeitgeist, seine Theorien und die Vorzeichen, unter die er das Denken stellt, auf vielfach verschlungenen, oft kaum wahrnehmbaren Wegen mitwirkt. Auch die Wissenschaft hat ihre Moden und ihre Mitläufer, und wie überall gilt auch für die gelehrte Republik, was Jacob Burckhardt in einer der häufig aus Sorge und Hohn gemischten Verächtlichkeiten über die heraufziehende Massengesellschaft formuliert hat: «Es wird dahin kommen mit den Menschen, daß sie anfangen zu heulen, wenn ihrer nicht wenigstens hundert beisammen sind.»

In den biographischen Studien und Essays über Jacob Burckhardt ist der Pessimismus, der ihn so auffällig beherrscht und in die vorderste Reihe der apokalyptischen Denker des 19. Jahrhunderts stellt, vielfach verkleinert worden. Gleichzeitig hat man versucht, die Kraft der Bejahung, die er in der

Kunst, im Erlebnis des Südens oder im geselligen Umgang mit Freunden und Schülern gefunden hat, dagegenzusetzen. Richtig daran ist, daß er, anders als beispielsweise Theodor Mommsen, keine depressiv gestimmte Natur war. Sein Pessimismus kam nicht aus seinem Wesen, sondern aus der Erkenntnis: vom Blick auf die Welt, auf Blindheit und Selbstzerstörungsdrang der Menschen, auf das dauernde Geschiebe zum Abgrund hin. Für die Griechen hat er den Widerspruch, der auch sein eigener war, auf die Formel gebracht, sie seien im Denken Pessimisten, im Leben dagegen Optimisten gewesen. Aus dem Schatten der Trauer, den er am gesenkten Haupt des vatikanischen Hermes entdeckte, hat er schon früh den Zusammenhang von Denken und Verzweiflung abgelesen.

Daher kann man seinem Werk, wie manche es versucht haben, auch nicht eine Art Rettungsbotschaft entnehmen, wonach die Kontinuität der europäischen Bildung und die Rückbesinnung auf das klassische Menschenbild jene Bedrohnisse abfangen würden, die er herannahen sah. Denn der Trost, den er suchte, war nicht von so einfach appellativer Art. Er hoffte auf «das Leidliche, womöglich in freundlicher Gestalt». Daneben glaubte er, daß die Verdüsterungen, die aus dem Denken kommen, ein Preis seien, der hinreichend Gewinn bringe. «Was einst Jubel und Jammer war», schrieb er einmal, «muß Erkenntnis werden.» Jenseits von Glück oder Unglück. Mehr kann nicht sein.

Der Historiker als Herr der Geschichte

Rede zur Verleihung des Goethe-Preises an Golo Mann

Mancherlei Hemmungen sind im Spiel, die Erinnerung an den Tag vor sechsunddreißig Jahren heraufzurufen, als Thomas Mann den Goethe-Preis der Stadt Frankfurt erhielt. Und doch wird niemand hier im Saale sein, der nicht die hagere Gestalt des Dichters vor sich hätte, in ihrer schon der Gebrechlichkeit abgerungenen Würde, und wie er von dieser Stelle aus seine große Rede über den Namensgeber dieses Preises hielt. Sie, verehrter Herr Mann, der Preisträger dieses Jahres, sind heute in fast genau dem Alter, das Ihr Vater damals hatte.

Das ist keine absichtslos heraufgeholte Reminiszenz, wiewohl es schon bemerkenswert ist, daß zwei Träger des gleichen Namens, Vater und Sohn, einen der bedeutendsten Kulturpreise des Landes erhalten. Es hat Gründe darüber hinaus. Denn die übermächtige Gestalt Thomas Manns hat Sie Ihr ganzes Leben lang in mehr als einem Sinne begleitet und tut es noch heute. In solche Daseinsumstände hineingeboren zu sein, ist nicht so sehr ein Privileg, wie mancher meinen mag, sondern weit eher eine Beschwernis.

Jean-Paul Sartre hat in seinem Erinnerungsbuch, bei gänzlich andersartigen Verhältnissen, den Sohn einmal mit Äneas verglichen, der, den Vater Anchises auf dem Rücken, die Strecke vom einen Lebensufer zum anderen zurücklegen muß: eine Last, fast über das Menschenmögliche hinaus. Und wer hätte nicht, bei weit geringeren Bewandtnissen schon, die Beispiele dafür vor Augen und, in den größeren, die zu einer besonderen Typologie des Scheiterns ausweitbaren Fälle: Titus Rembrandt, die Bach-Söhne, August Goethe. Sie, verehrter Herr Mann, haben es besser gemacht als jene, denen, wie sehr sie sich auch mühten, die Last auf ihrem Rükken zu schwer wurde. Sie haben sich behauptet. Zwar gibt es, noch nicht lange zurück, eine Äußerung von Ihnen, wonach Sie mehr und Besseres erreicht hätten, wenn Sie «in einem normalen, gesunden, schlichten Bürgerhaus aufgewachsen» wären. Darüber ließe sich streiten. Aber daß wir Sie heute hier ehren, bezeugt aufs Sichtbarste, daß Ihnen weit mehr gelungen ist als nur der Schritt aus dem Schatten des Vaters heraus. Dieser Preis und diese Feier beglaubigen ein unverwechselbar eigenes, bedeutendes Lebenswerk.

Das wiegt um so mehr, als Sie es sich, zu allem hin, auch schwergemacht haben. Denn wer könnte nicht nachempfinden, was der Entschluß bedeutet, mit der Feder umzugehen, wenn man den Namen Mann trägt. «Historiker? Das geht ja noch!», soll Ihre Mutter, dem Vernehmen nach, geäußert haben, als sie von Ihrer Absicht hörte, sich der Geschichte zuzuwenden. Denn mit diesem Namen waren zwei herausragende, mit wenn auch unterschiedlichem Gewicht in die große Literatur des Jahrhunderts reichende Œuvres verbunden: das von

Thomas und das von Heinrich Mann. Inzwischen steht ein drittes daneben. Die Philologen mögen Familienähnlichkeiten aufspüren. Aber es steht da aus ganz und gar eigenem Anspruch und eigenem Recht.

Wenn man dergleichen wünschen könnte, haben Sie einmal geäußert, hätten Sie am liebsten als Privatgelehrter im Deutschland der Jahrhundertwende gelebt, in zurückgezogenem Dasein, Büchern und Freundschaften zugewandt. Doch als Sie erwachsen waren und Ihr Studium mit der Promotion bei Karl Jaspers abgeschlossen hatten, war es mit solchen Wünschen vorbei. Die «große Urkatastrophe des Ersten Weltkriegs», von der George F. Kennan gesprochen hat, samt all den nationalistischen und revolutionär vermummten Entladungen, die ihr folgten, hatte diesen Traum unerreichbar gemacht, vielleicht nicht einmal nur in Deutschland. Aber in Deutschland hat sie das Unterste nach oben gekehrt.

1933 verließen Sie, wie Ihre Familie auch, das Land, es kamen die Jahre der Emigration: in der Schweiz, in Prag, in Frankreich und den Vereinigten Staaten. Was hier, stationsweise aufgezählt, so nüchtern klingt, reicht in Wirklichkeit sehr tief. Es hat Sie für immer geprägt: ein traumatisches Ineinander von Flucht, Angst und enttäuschten Hoffnungen, von neuerlicher Flucht, Empörung und Scham. In einer Rede, 1966 in Brüssel, haben Sie von dieser Erfahrung und ihrer lebensbestimmenden Wirkung gesprochen, in Sätzen, die Sie ausdrücklich als Bekenntnis bezeichnet haben: «Ich weiß nicht», heißt es da, «ob ich zu sehr viel Lebensfreude überhaupt bestimmt war. Aber ich weiß, daß das Maß an Lebensfreude, das ich je besaß, durch die Erfahrungen der dreißiger und vierziger Jahre, vor allem durch den Judenmord, sehr stark reduziert wurde und reduziert bleiben wird. Durch andere grausame Irrsinnstaten auch, auch solche, die nicht von Deutschen vollbracht wurden, auch solche, die gegen Deutsche vollbracht wurden ... Die Hypothek auf meinem Leben werde ich nicht mehr los ... Trauer wird immer mit uns sein, und Furcht vor einem neuen Ausbruch des Vulkans auch. Wo *das* möglich war, wird immer alles möglich sein.»

Man kann solche Sätze psychologisierend deuten: als die Reaktion eines pessimistisch gestimmten Temperaments, das sich von den Erfahrungen der eigenen Lebenszeit in seinen Bitternissen bestätigt sieht. Aber so, für derart melancholische Triumphe waren Sie nicht gemacht. Und auch nicht für den Fatalismus, zu dem solche Zeitgenossenschaft verführen kann, obwohl Sie verschiedentlich von der Versuchung zur Resignation gesprochen haben, der Sie zu widerstehen hatten. Was immer jedoch es war, es unterschied sich auf merkliche Weise von der vorherrschenden Art, mit den Erfahrungen der Hitlerjahre umzugehen und die Folgerungen daraus zu ziehen.

Denn die Zeit der Emigration war, über alle Verdüsterungen des Gefühls hinaus, für einen Menschen Ihres Alters auch eine hohe Schule der Einsicht, der politischen insbesondere. Thomas Mann hat davon gesprochen, daß damals die in den Tumulten der Epoche verlorengegangenen oder im blasierten Disput zerredeten, sehr einfachen Unterscheidungen zwischen Gut und Böse, zwischen dem Dienlichen und dem Verstiegenen, wieder zurückgekehrt seien. Was Sie selber angeht, so erfüllt ein Nachhall davon das gesamte Werk.

Von daher kommt die klare, kräftige Sprache, die den Leser, bei aller Kunst der Differenzierung, nie im Ungewissen läßt, worauf eine Sache, ein Argument hinauswill, und worauf nicht. Von daher aber auch eine häufig ungehalten hervortretende Abneigung gegen alles Ideologiewesen: im Politischen, wo die Verheerungen, die es anrichtete, unübersehbar waren, aber im Denken auch. Ideologien, desgleichen Systeme als Ausgangspunkt erkennender Tätigkeit, das hat der erzwungene Abstand von Deutschland womöglich erst in ganzer Schärfe sichtbar gemacht, tun der Fülle der Erscheinungen Gewalt an. Sie unterschieben dem Geschehen einen einzigen, zumindest bestimmenden Antrieb oder Sinn, und fast immer steht ein politischer Vorsatz dahinter. Die Integrität der Wahrnehmung in Betrachtung der Weltläufe aber duldet solche Vorgaben nicht, und wer die Ereignisse aus einem Hauptpunkt erklären will, ist im Grunde schon verloren.

Man kennt das Argument dagegen: daß die behauptete Ideologiefreiheit nichts anderes als eine abgefeimte Spielart ideologischer Maskerade sei.

Aber Golo Manns Werk belegt, daß es so nicht sein muß. Am greifbarsten tritt das naturgemäß in der Essayistik hervor, dieser in Deutschland von der Vorliebe für die strengere wissenschaftliche Abhandlung stets verdrängten und nur außenseiterisch betriebenen Kunstform des zu pointierten Einsichten drängenden Gedankenstücks. Von Golo Mann liegen drei Essay-Bände vor, viel Bewundernswürdiges darunter wie die Betrachtung über «Schloß Arenenberg», über «Max Weber» oder «Tacitus». Bei aller Vielfalt der Themen lehren diese Arbeiten immer das eine: was Freiheit der Beobachtung und Freiheit des Urteils wirklich ist. So die beißende Polemik gegen A. J. P. Taylor und dessen scharfsinnigen Unverstand, so auch die Versuche über Heinrich Heine oder Georg Büchner, deren Bild aller revolutionsideologischen Inanspruchnahme entzogen und in seiner Gebrochenheit, seiner Unruhe und nervösen Schwermut wiederhergestellt wird. Einmal setzt der Verfasser sich höchst kritisch mit Hannah Arendt auseinander, ein anderer Essay handelt von Ernst Jünger, dem voraufgegangenen Träger dieses Preises, in dem der Riesenabstand, der den Autor vom Betrachteten trennt, in keiner Zeile verschwiegen und doch ein immer «lebendiger, sensibler, neugieriger Geist» geehrt wird, dessen Irrtümer dem Denkenden mehr zu sagen haben als die Klugheit der «falsch Allwissenden». Und so, oder ähnlich, leitmotivisch immer wieder.

Es steckt viel Einzelgängertum in alledem, aus Veranlagung schon, doch aus Lebenserfahrung auch. Aber man soll es damit nicht abtun. Denn die Unabhängigkeit des Denkens ist nichts, was einem einfach zufällt, und oft ist es schwer, in den Wahrheiten von heute die Irrtümer von morgen, oder auch die von gestern, zu erkennen. Die ersten Nachkriegsjahre stehen seit einiger Zeit als Phase der Restauration in Verruf. Doch seltsamerweise haben diejenigen, die ihr das nachsagen, mit ungleich größerem Aufwand, ungleich größerem Erfolg auch, auf ihre Weise nichts anderes als die Restauration des Abgelebten betrieben. Golo Mann ist mehrfach, mit beunruhigtem Erstaunen, der Frage nachgegangen, wie es zu jener merkwürdigen Renaissance des Marxismus hat kommen, wie seine Heilsparolen so neue, schwindelnde Suggestion haben gewinnen können, nachdem sie eine Generation zuvor schon intellektuell kompromittiert und erstorben schienen.

Es war wie eine Gespenstererweckung. Und wenn sie ihn mit Sorge erfüllte, so weil er auch das Gegengespenst vor Augen hatte, mitsamt der Erfahrung, daß beide im Ringen gegeneinander erst stark zu werden pflegen: Erleben der Älteren, die Spuren noch sichtbar, und doch wie in den Wind geschrieben. Am beklemmendsten war denn auch, daß offenbar keine Lehre der Geschichte das Verlangen nach einer der weltlichen Verheißungsideologien hatte stillen können, wie sie unserer Epoche eigentümlich sind; daß die Droge Utopie noch immer ihre Wirkung tat und selbst der tägliche Augenschein nicht dagegen aufkam: daß schließlich die

Einsicht vergeblich war, wonach der Weg in solche Niemandslande, ist er einmal eingeschlagen, allen stolzen Prophetenworten zum Trotz, den geduckten Gang und Schlimmeres verlangt.

Fatalismus oder Realitätsverweigerung: Es sind dies die beiden im Deutschen vorherrschenden Weisen, mit der Wirklichkeit umzugehen, und wir wissen lange, wie sehr sich das eine im anderen wiederfindet. Unleugbar ist Großes daraus hervorgegangen, bedeutende Gedanken, gleißende Konstruktionen von Geschichte und Gesellschaft. Aber nur wenig darunter von praktischem Gewinn für die Menschen, wie sie wirklich sind, und weit mehr dabei, was nichts anderes ist und sein will als das Entzükken des sich selbst betrachtenden Geistes.

Von alledem hat der hier zu Feiernde sich stets ferngehalten. Auch das war in der Fremde gewonnene oder durch die Fremde begünstigte Erkenntnis. Seine Schriften verraten durchaus spekulative Energie, aber immer bindet er, was zu sagen ist, ans Vernünftige, Wirkliche. Insoweit steht er nicht nur außerhalb des nationalen Herkommens, sondern außerhalb gleichsam auch der Familientradition. Thomas und Heinrich Mann, der eine wie der andere, waren tief unpolitisch oder apolitisch, Zeit ihres Lebens. Alle ihre Einwürfe zum Tage, sei es anfangs, bei dem einen jedenfalls, in «reaktionärem Trotz», sei es in später gleichgestimmter Gutartigkeit, kamen wie aus weiter, unbegriffener Ferne, und man rettet sie ins Politische nur um den Preis der Verwechslung von guter Gesinnung und politischem Sinn.

Sehr anders der Sohn und Neffe. In einem Aufsatz aus dem Jahre 1938 schrieb er: «Der denkende Mensch ist so beschaffen, daß er mit seinem Denken nützen will.» In dieser verallgemeinernden Form würde er das heute sicherlich nicht mehr gelten lassen; zuviel Erfahrung mit exaltiertem, radikalem Selbstverblendungsbedürfnis steht dagegen. Aber als Aufforderung, sich den Fragen der Macht und ihrer Wirkungsweise, dem komplexen Geflecht der Gruppen und Interessen, ihrem Streit und Ausgleich oder auch der Rolle des einzelnen zuzuwenden, ohne dabei die Menschen mit ihren Hoffnungen, Ängsten und Widersprüchen aus dem Auge zu verlieren – in diesem appellierenden Sinne würde er gewiß nach wie vor dazu stehen. Bei allem Lebensverlust, den die Jahre der Emigration bedeuteten, waren sie auch eine Zeit des Gewinns. Erworben wurde der Sinn für die Politik, für das Mögliche, das so schwer zu erkennen ist, für das Recht der einen wie der anderen Seite und die Mechanik des Kompromisses. Man kann auch sagen: für das, was Politik ist, und für das, was sie im Praktischen, das heißt im Menschlichen, verlangt.

Davon zeugt die einfühlsame Studie «Vom Geist Amerikas». Davon zeugt auch, auf andere Weise, das erste große Werk des Historikers, die Biographie «Friedrich von Gentz», 1938 bis 1941 geschrieben, ein Buch der unverlorenen Empfindung für das eigene Land, der Selbstermutigung auch und der schicksalsverwandten Nähe, über die Zeiten hinweg, zu seinem Gegenstand. Der starrsinnige Charakter dieses Mannes, sein in aller Vereinzelung zäh durchgehaltenes Widersachertum gegen Napoleon, die Demoralisierung der europäischen Mächte, die Einsamkeit der Gegenspieler, Ohnmacht und Zorn: in alledem schien die eigene Situation vorweggenommen.

Unter den Hunderten von Briefen und Denkschriften, die Gentz als Hauptbetreiber des Widerstands gegen den Diktator verfaßt hat, «der größte politische Schriftsteller deutscher Sprache», wie Golo Mann ihn nennt, finden zahllose sich, die vom Autor selber, aus der Zeit der Niederschrift dieser Biographie, stammen könnten: «Mein Haß», schreibt Gentz, «gegen diesen treulosen, eitlen, kleinherzigen, durch die Infamie der Zeitgenossen erst bis zur Größe, dann bis zum Wahnsinn der Größe hinaufgeschraubten, übermütigen, gotteslästerlichen, bübischen Usurpator, ist eine Leidenschaft, jetzt meine einzige, geworden, die mein Innerstes verzehrt. Wenn mir heute jemand mit Gewißheit vorausverkündigen wollte, daß ich nie etwas zum Sturze dieses Ungeheuers beitragen würde, so wäre mir das Leben ein Ekel und eine Last ... Ich kann mir, wenn ich den Grund meines Herzens durchwühle, nicht verhehlen, daß das Entsetzlichste ..., ein so ungeheures und namenloses [Unglück], wie selbst der Untergang eines ganzen Sonnensystems nicht sein würde, für mich in aller Ewigkeit das bleibt, daß solche Canaillen recht behielten.»

In der Tat: Aus diesen aufgewühlten, katarakt-artig sich überstürzenden Sätzen spricht niemand anders als der Autor selber. Golo Mann hat bei Gelegenheit bemerkt, es sei ein innerlich gespanntes Buch, geschrieben von Gentz aus. Aber zugleich auch, mehr als jedes andere, von der eigenen Situation, der eigenen Gemütsverfassung her, die äußerste Ineinssetzung mit dem Porträtierten. Und wenn jene Vergangenheit in so vielem eine Vorwegnahme war: Warum nicht auch im endlichen Triumph über den Unterdrücker, auch wenn dessen Macht damals noch fulminierte und gerade erst über Europa auszugreifen begann?

Das Buch ist voll von solcher, aus der Geschichte begierig aufgenommener Hoffnung. Aber zugleich immer wieder Abstand nehmend, die hellen mit den trüben Tönen mischend, bis gegen Ende hin, nach der Überwindung Napoleons, als Gentz zum «Sekretär Europas» geworden war und zum Berater Metternichs, die dunklen Farben fast die Überhand gewinnen. Seine Schuld sei zu lehrreich, meint der Autor, als daß man sie verkleinern dürfe. Wie überhaupt, bei allem Pathos des Werkes, aller zeitbedingten Erregtheit, die wohltuende Kühle wissenschaftlichen Geistes darin herrscht, die Kunst durchschauenden Abwägens von Zusammenhängen und Motiven, so daß der Leser immer wieder das Elementarerlebnis gelungener geschichtlicher Darstellung hat: wie Anteilnahme sich in Denken umsetzt, Empfinden in Erkenntnis, Erleiden in Erklären. Die spätere Meisterschaft auf diesem Felde ist schon in diesem frühen Buch ganz entfaltet, nur bewegter als beispielsweise in der «Deutschen Geschichte des 19. und 20. Jahrhunderts» oder dem «Wallenstein», weniger gelassen. Damit hat zu tun, daß einiges Geringfügige der Kritik inzwischen nicht mehr ganz standhielt, vornehmlich der des Autors, aber was weit nachdrücklicher im Bewußtsein haftet, ist, überblickt man das Ganze, das unbeirrbare, die Dinge ständig neu bedenkende Bemühen um Gerechtigkeit.

Wie schreibt man Geschichte? Golo Mann hat darüber, sei es in den Essays, sei es in manchen betrachtenden Einschüben seiner großen Darstellungen, immer wieder nachgedacht. Dies ist nicht der Anlaß, seine Überlegungen im Zusammenhang vorzustellen. Aber einige Hauptstücke daraus doch.

Die Gerechtigkeit zählt, obenan, dazu. Er hat sie an den Historikern, denen seine Bewunderung gehört, durchweg gerühmt: an Ricarda Huch zum Beispiel oder an Lord Acton. Sie kommt aus der Bereitschaft, immer das Ganze zu sehen, Vorzüge und Schwächen, Recht und Unrecht einer Sache oder einer Person, weshalb denn auch Golo Manns Sympathie durchweg den zwielichtigen, eingedunkelten Figuren gehört, den «zeitkranken Individuen», Gentz eben, oder Wallenstein oder Bismarck auch, den er einmal, «trotz allem», seine Lieblingsgestalt in der Geschichte genannt hat. Natürlich hat dies, neben vielem anderen, mit dem dramatischen Verstand des geborenen Schriftstellers zu tun, der weiß, daß die strahlenden Helden, wenn sie immer nur strahlen, zur Darstellung kaum taugen. Aber zugleich ist es in jener Moralität begründet, die Gerechtigkeit überhaupt erst möglich und den Historiker zum «Herrn der Geschichte» macht. Die Wendung stammt, wie man weiß, von Thomas Mann, Pathos und Glück seiner Produktivität kamen von da her. Sie stammte natürlich aus anderen Zusammenhängen und meinte das Erfinderrecht des Geschichtenerzählers. Aber «Herr der Geschichte» ist der Historiker auf seine Weise auch, obwohl es in diesem Fach nichts zu erfinden gibt. Vielmehr ist es der Wille zur Gerechtigkeit, der ihm den Anspruch darauf gibt.

Dieser Wille ist der gegenwärtigen Geschichtsschreibung auf vielfältige Weise abhanden gekommen. Bei einigen Historikern stößt man auf eine Neigung zur Parteilichkeit und zum Gewaltantun, die ohne allen abwägenden Ernst ist. Was sich kritische Geschichte nennt, offenbart häufig weniger Kraft zur Unterscheidung als zur Verdammung, und kein Respekt vor dem Stummsein der Toten macht den Anklägern die Schuldsprüche schwer. Vielmehr ist es, als werde die Vergangenheit als Richtstätte betrachtet, auf der, um im Bilde zu bleiben, eine Art Standrecht herrscht, mit kurzem Prozeß. Statt zahlreicher Beispiele kann man auf vieles verweisen, was unlängst, aus Anlaß der 40. Wiederkehr des 20. Juli 1944, geschrieben worden ist.

Doch nicht nur der Hang zum Tendenziösen mit all seinem moralischen Schreibtisch-Rigorismus hat die Gerechtigkeit aus der Geschichte verdrängt. Sie ist auch von der Gegenseite her bedroht: durch einen empirischen Positivismus, der unablässig neue Daten und statistische Kolonnen auswirft, ein mit unendlichem Fleiß zusammengetragenes Material, das sich der Wahrheit der Geschichte um so mehr vergewissert glaubt, als der Autor weit dahinter zurücktritt.

Aber in Wahrheit tritt der Historiker bei dieser Methodik nicht zurück, sondern versteckt sich nur. Längst weiß man, in welchem Maße Untersuchungsansätze oder Parameter in die Ergebnisse hineinwirken, wie lückenhaft alles Zahlenwerk ist, und daß, wer eine Zeit begreifen will, aus diesen pedantisch archivierten Skeletthaufen kein lebendiges Bild gewinnen kann. Er bleibt zuletzt doch auf den Interpreten angewiesen, der die toten Bestände ins Leben zurückholt, sie zum Sprechen bringt, ihnen Farbe gibt und auch dem «Schweigen der Geschichte» Deutungen abverlangt.

Man muß nicht eigens hervorheben, daß die erforschende Einzeluntersuchung wichtig ist. Aber die Arbeit des Historikers als Geschichtsschreiber beginnt erst jenseits davon, zumindest wo sie auf Darstellung, sei es einer Epoche, sei es eines bedeutenden Individuums hinauswill. Da helfen die isolierenden Studien nicht weiter und machen auch in der Summe noch kein Bild, weil alles in bewegtem Zusammenhang steht, das eine aufs andere wirkt und alles mit unterschiedlicher Kraft aufeinander, bis am Ende doch immer wieder das Überraschende, ganz und gar Unvorhergesehene eintritt. «Das wahre Faktum steht nicht in den Quellen», hat Droysen bemerkt. Das heißt nichts anderes, als daß zu den Materialien hinzutreten muß, was nur der Autor beisteuern kann: die Entwirrung des zunächst Unüberschaubaren, Kombinations- und Unterscheidungsvermögen, Begriffe, Verstehensenergie, Urteilskraft, man kann auch sagen: Phantasie.

Mich hat schon vor Jahren ein Zusammenhang beeindruckt, den ich jetzt in Golo Manns Essay über «Schiller als Geschichtsschreiber» wieder las: Wie Schiller, als er den «Dreißigjährigen Krieg» verfaßte und darin das Porträt Wallensteins entwarf, sich eng an die verfügbaren Quellen hielt und daraus eine zwar überaus plastische, im Grunde aber doch widersprüchliche Figur verfertigte, deren Ungereimtheiten er zum Schluß selber einräumte. Und wie er Jahre später, den Stoff in der Tragödie wieder aufgreifend, bei unverändert dürftigem Forschungsstand und ohne beispielsweise einen der charakteristischen Briefe des Feldherrn je gelesen zu haben, nicht nur psychologische Details aufspürte, sondern auch, bei nunmehr befreiterer Phantasie, Absichten, Motive und geradezu Wörtliches von ihm erriet, wofür die Belege erst geraume Zeit danach, mit der einsetzenden Wallenstein-Forschung, entdeckt wurden.

Alle bedeutenden Historiker, von Gibbon über Mommsen und Burckhardt bis hin zu dem französischen Sozialhistoriker Marc Bloch, haben die Geschichtsschreibung als Kunst betrachtet, undenkbar ohne einen «Anteil an Poesie», und im Grunde der Literatur näher als der Wissenschaft. Von dieser entleiht sie die Methoden, von jener hat sie das Ideal, und der Unterschied läuft am Ende darauf hinaus, daß die Literatur die Wahrheit im Erfundenen, die Geschichtsschreibung sie dagegen im Geschehenen ausfindig zu machen sucht.

Golo Mann hat diese Linie noch weiter ausgezogen. Im Widerspruch gegen eine moderne Auffassung, wonach die Geschichte eine Wissenschaft im strengen Sinn sei wie Medizin oder Physik auch, nur unfertiger, doch zum Fertigen drängend, hat er deren Wissenschaftscharakter rundheraus bestritten. Denn die Geschichte habe mit dem Einmaligen zu tun, die Wissenschaft mit dem Prinzip der Wiederholung, jene suche und finde im Ähnlichen das immer Neue, diese das Gesetz. Und dann, sehr apodiktisch: «Die Historie ist eine Kunst, die auf Kenntnissen beruht, und weiter ist sie gar nichts.» Bezeichnenderweise hat er denn auch den «Wallenstein» einen «historischen Roman» genannt. Weder die jahrzehntelangen, im Grund von Jugend auf betriebenen Studien, noch der rund 140 Seiten umfassende Anmerkungsteil oder die Sorgfalt im historisch Handwerklichen, die selbst für geringfügige Einzelheiten nicht anders als für das scheinbar Erfundene die Quellen vorweisen kann, machen daraus Wissenschaft; einen «gewaltigen fremden Menschen» nennt der Autor ihn, trotz aller forschenden Gedankenmühe. Und weil es um Kenntnisse und Kunst geht, zeigt er sich durchweg bestrebt, den Fleiß, die Anstrengung und Geduld, die in das Werk eingegangen sind, dem Leser nicht aufzudrängen.

Denn das verlangt der Geist der Erzählung, der immer auch der Geist großer, einen Zeitzusammenhang erfassender Geschichtsschreibung ist. Golo Mann hat sich einmal einen «verhinderten Erzähler» genannt, das sei so etwas wie das «Geheimnis seines Lebens». Doch wenn es je ein Geheimnis war, hat er es schon in der «Deutschen Geschichte», die ein Musterfall erzählerisch umgesetzter universaler Gelehrsamkeit ist, aller Welt offenbart. Und natürlich im «Wallenstein». Wie er die Geschichte vom Aufstieg des namenlosen böhmischen Landadligen zum Generalissimus und mächtigsten Mann des Reiches anheben und den bizarren Charakter allmählich aus dem Geschehen heraustreten läßt, wie er Atmosphäre und Lebensstimmung der Zeit spürbar macht, die Akteure gegeneinanderführt und die Entwicklung vorwärtstreibt, sie um neue thematische Linien erweitert, erste, bald sich verstärkende Dissonanzen einfügt, bis die Darstellung, zwischen Beschleunigung und retardierenden Elementen, schließlich dem schrillen Ende zustrebt, das so viele Empfindungen der Unvermeidbarkeit wie, allen irritierenden Zügen des Helden zum Trotz, auch des Mitgefühls, sogar der Trauer weckt, das hat den Atem großer epischer Erzählung und sicherlich, so weit man sich auch umtun mag, nichts, was ihm gleichkäme.

Die Einwände gegen diese Art historischer Darstellung sind bekannt: Sie sei überholt, perspektivenarm, formalistisch. Aber nichts davon trifft zu. Immer wird es Menschen geben, die eine Geschichte erzählt haben wollen. Dergleichen ist von keiner Zeit, so modern sie sich auch dünkt, zu überholen und geradezu ein menschliches Urbedürfnis.

Und dieses Erzählen kann schlechterdings jede Perspektive erfassen, selbst die ökonomische und soziale, weil Geschichte auf jedem Felde Geschichten enthält. Es gibt die Anekdote von den zwei historisch beflissenen englischen Damen, die nebeneinanderher eine Napoleon-Biographie lesen; und von denen die eine, ergriffen vom Ende des Kaisers, der Niederlage bei Waterloo und der Gefangensetzung auf St. Helena, der anderen darüber Andeutungen macht, von dieser aber zurechtgewiesen wird: Sie wisse das alles, aber, for God's sake, man dürfe von einer Geschichte doch nicht verraten, wie sie ausgeht. Da tritt, in eher erheiternder Form, dieses Urbedürfnis zutage. Es ist ja kein Bedürfnis nach der bloßen Chronik. Die ist im Lexikon zu finden. Und auf irgendeine Art Untergang läuft es am Ende immer hinaus. Was die Erwartung wirklich weckt und Befriedigung noch im Allerbekanntesten sucht, hat vielmehr mit der Kunst zu tun, die der Autor aufbringt, aus anderer Zeit, mit anderen Umständen und anderen Figuren, ein Stück von uns selbst zu erzählen.

Zutreffend ist, daß ein starker Formwille in Golo Manns Darstellungsart steckt. Aber es fällt schwer, darin einen Einwand zu erkennen, zumal in einer Zeit, die gerade zu ahnen beginnt, in welche Sackgassen die Auflehnung gegen die Form geführt hat. Im Grunde geht es auch um weit mehr als ein ästhetisches Prinzip, um mehr als Kunstspielerei. Dahinter steht die Überzeugung, daß Form und der Widerstand, den sie bereitet, auch Erkenntnis schaffen; daß gelungene Form, darüber hinaus, die Entfremdung zwischen Wissenschaft und Öffentlichkeit überwinden helfen kann, die viel beklagt und unablässig weiter vertieft wird. Und daß schließlich, auf der subjektiven Seite, alles, die Ängste und gedanklichen Belastungen, denen jeder ausgesetzt ist, nur auszuhalten sind, indem man ihnen Form gibt. Golo Mann hat bei Gelegenheit bemerkt, daß alles Erzählen, auch und gerade im Historischen, sich der formlosen Unendlichkeit des Lebensstoffes gegenübersehe, ihn in Sätze, Rhythmen, Sprache füge, um, wie es dann in einem hochgezogenen Bilde heißt, «den Chaos-Drachen zu bannen», wenigstens für eine Zeit.

Auch da wirken offenbar die prägenden Eindrücke früher Jahre mit, die Erfahrungen von Konfusion, Willkür und intellektueller Phantasterei, von dieser ganzen deutschen Dauerromanze mit dem Irrationalen, die, wie wir wissen, noch immer nicht zu Ende ist. Viel spricht dafür, daß in solchen unvergessenen Lektionen auch Golo Manns Konservatismus begründet ist: seine Sympathie für gewachsene Ordnungen, für emotional verankerte soziale Bindungen und Traditionen, denen er den

Vorrang gegenüber den Ideen einräumt. Sein am Ende doch größeres Vertrauen in die aufhaltenden als in die vorwärtsdrängenden Kräfte. Burke, Tocqueville und Jacob Burckhardt nennt er einmal «die großen Meister und Warner». Starke Phantasie mache konservativ, heißt es bei Hugo von Hofmannsthal, und tatsächlich läßt sich, woran die großen Vorantreiber des historischen Prozesses, die Revolutionäre und Utopisten, sei es selber, sei es mit ihren Absichten, gescheitert sind, immer wieder auf ihren Mangel an Phantasie zurückführen. Doch vielleicht bedarf es dieser Phantasie nicht einmal. Vermutlich reicht die Lebenserfahrung. Die Geschichte ist ein Teil davon.

Die oft erörterte Frage, ob aus der Geschichte zu lernen sei, beantwortet Golo Mann daher auch entschieden zustimmend. Sie lehrt, über alle Wiederholungen und Vergleichbarkeiten hinweg, das Einzigartige jedes Augenblicks. Sie lehrt den Zweifel und den denkenden Umgang mit der Welt. Auch daß alle großen Vorhaben und Unternehmungen, Revolutionen oder Gegenrevolutionen, nie zum gedachten Ziel führen, und der Mensch, allem vermeintlichen Vorauswissen zum Trotz, stets gewärtig sein muß, dem gänzlich Unvermuteten gegenüberzustehen. Sie ist ein Mittel gegen falsche Zuversicht wie gegen übertriebene Ängste. Es sind solche allgemeinen Einsichten, die sie, ungeachtet allen Wandels, aller Bereicherung in den Fragestellungen, vermittelt. Nicht mehr, nicht weniger. Sie finden sich, oft zu sentenzhaften Formeln verdichtet, in den großen Geschichtswerken von Thukydides und Tacitus an. Man stößt auf sie immer wieder, auch bei Golo Mann, der stärkere Gründe als alle seine Vorgänger für diese Neigung geltend machen kann. Denn sie erinnern nicht nur an die Substanz, sondern, mehr noch, an die Grenzen historischer Einsicht. Sie ergänzen das «tief Unterhaltende» aller Geschichte und erweitern es ins Belehrende.

Der Blick ins Gewesene lehrt auch den Pessimismus, der Gedanke taucht in den Schriften Golo Manns immer wieder auf: wieviel Schwerfälligkeit, Schwäche oder Aggression die bessere Sache verderben, und welcher fragwürdigen Mittel sich die gute Sache bedienen muß, um zu ihren oft flüchtigen Erfolgen zu gelangen. Schon im «Gentz» heißt es, dieser habe «kein geschichtliches Buch lesen können, ohne daß quälende Einsichten ihn befielen». Auch da wird der Autor von sich selber gesprochen haben. Gewiß ist viel Freude an der Farbigkeit, der skurrilen Bilderfülle und an der Ironie des Lebens in seinem Werk. Aber doch mehr Leiden an der Zeit, Verachtung der Dummheit, der Mittelmäßigkeit und der rechthaberischen Schreierei. Trauer darüber, daß die Menschen sind, wie sie sind; eher zum Scheitern als zum Gelingen bestimmt. «Tempora mutantur?» schrieb Lessing. «Ich bitte Sie, legen Sie doch die Vorurteile des Pöbels ab! Die Zeiten ändern sich nicht!» Und dennoch ist bei Golo Mann von der Hoffnung die

Rede, daß der historisch informierte Politiker weniger Unheil anrichten werde als der historisch ahnungslose. Es ist nur eine Hoffnung, schwach, und die Besorgnisse nicht beschwichtigend. Aber doch eine, die durch keine widersprechende Erfahrung hinfällig würde.

In dieser Skepsis, diesem pessimistisch getönten Konservatismus, ist der Preisträger von heute dem Namensgeber des Preises nahe. Er ist es auch im Weltbürgerlichen, in der Urbanität von Kenntnis und Gesinnung. Und denkt man an Vergleichbares, so ist, um Weiteres zu nennen, auffallend auch, hier wie dort, die künstlerische Verwendung der Alltagssprache, die das Kolloquiale zur Stilform macht, abgehoben einzig durch eine Vorliebe für archaisierende Wendungen und Begriffe.

«Manchmal geht die Knappheit der Worte an die äußerste Grenze, nur, wo er beschreibt, was ihm nicht liegt, können es ihrer zu viele werden. Immer genügen sie, um im Leser die Atmosphäre, das Halbdunkle, das schwefelfarbene Licht zu reproduzieren, wie sie in der Seele des Schreibenden sind.» Da ist ganz offenbar von Golo Mann die Rede, aber es stammt von ihm selber, aus dem «Versuch über Tacitus». Ich bin mir nicht sicher, wie sich für den Zeitgenossen der Tonfall ausnähme, in dem sich der Goethe der späten Gespräche mit Eckermann, Riemer oder dem Kanzler von Müller äußerte. Aber der Goethe früher, emphatischer Jahre war das nicht mehr. Sondern ein ausnehmend distanzierter, wenn auch niemals kühler Beobachter, der in gänzlich natürlicher Weise das Vernünftige sagt und dessen Weisheit immer unangestrengt klingt; der den freien Blick auf Menschen oder Umstände hat und, bei aller oft barsch anmutenden Teilhabe, durchweg eine Stufe des Lebens sichtbar macht, die zu herausgehoben, zu fern den Interessen und dem «Gedränge der Weltbegebenheiten» ist, um anderes als das erkannte Wahre der Mühe für wert zu erachten; für den der Widerspruch, der sich gegen ihn erhebt, nur noch das Bewußtsein souveränen Gleichmuts verstärkt.

Golo Mann erwähnt einmal beifällig Lord Acton, der für das alte Österreich, diesen großen, bunten, vergangenheitsschweren europäischen Staat par excellence, eine besondere Anhänglichkeit empfand; und der auf den Einwand, dieses Österreich sei politisch nichts anderes als ein sinkendes Schiff, entgegnete: «I am afraid, I am a partisan of sinking ships.» Darin kommt soviel Trauer wie Unvermeidlichkeitswissen zum Vorschein, aber Widerstreben auch. Die genauere Betrachtung wird im einen wie im anderen etwas vom Temperament Golo Manns selber entdecken: die Überzeugung, daß bei den verlorenen Sachen, für die sich kaum eine Stimme erhebt, mehr Würde sein kann als bei den verworrenen Kommandos des Zeitgeists, dem alle hierhin und dorthin nachlaufen; daß man sich der Gegenwart dennoch nicht entziehen, sich mit ihr aber auch nicht überwerfen soll.

Gewiß lassen sich aus alledem Vergleichspunkte zwischen dem Preisträger und dem, auf den der

Preis zurückgeht, finden. Doch eine wirkliche Verwandtschaftsbeziehung ergibt sich daraus kaum. Golo Mann erhält die Auszeichnung überdies für sein historisches Werk. Goethe dagegen war, was immer die Zitatenschätze hergeben mögen, ohne eigentlich geschichtlichen Sinn, auch darin fremd in einer Zeit, die soeben «the charms of history» zu entdecken begann. «Es geht wirklich ins Komische», schreibt er gegen Ende seines Lebens in einem Brief, «wenn man überdenkt, wie man von längst Vergangenem sich mit Gewißheit überzeugen will.» Herauszufinden sei dabei bestenfalls «nichts anderes als eine große Wahrheit, die längst entdeckt ist und deren Bestätigung man nicht weit zu suchen braucht». Gemeint sei, wie er höhnend bemerkt, «die Wahrheit nämlich, daß es zu allen Zeiten und in allen Ländern miserabel gewesen ist».

Und doch gibt es wohl niemanden, der bestreiten würde, daß der Preis auf den Mann gefallen ist, dem er vor jedem anderen zukommt. Das hat mit ungesuchter, aber zugestandener Autorität im Geistigen zu tun, wie sie aus großer, teilnehmender Unabhängigkeit herrührt, und aus der Fähigkeit, durch die Kraft und Distinktion der Sprache zur Erhellung der Welt beizutragen. Da liegt auch die Nähe, mehr als irgendwo sonst.

Golo Mann hat einmal, aus anderem Anlaß, davon gesprochen, daß er nach 1945, angesichts des Geschehenen, nie mehr ganz heimgekehrt sei. Und dennoch haben ihn, überblickt man sein Werk, fast ausschließlich deutsche Themen ergriffen und beschäftigt. So wenig wie irgendeiner aus den Generationen derer, die in diese Zeit hineingerieten, kam er von den Fragen los, die sie aufgeworfen hat bis heute. Da hatte die Gegenwart selber dem Erkenntnisverlangen etwas unerhört Zwielichtiges, Widriges aufgegeben, das verstanden sein wollte, so weit historische, menschliche Wirklichkeit überhaupt zu verstehen ist; und der Rest an unauflösbarem Unsinn und Widersinn war, wie es geht, zu ertragen.

Das war die Forderung des Tages, der Golo Mann mit großem Ernst nachgekommen ist. Aber die stärkeren, in Wesen und geistiger Herkunft begründeten Neigungen gingen auf anderes: aufs Vergangene in seiner ganzen Vielfalt, das ohne Sympathie, wie es einmal heißt, unbegreifbar bleibt. Er ist belesen wie kein anderer, und zu seinen Vorlieben zählt nicht zuletzt die Literatur. Es gibt kaum einen Kenner des romantischen Gedichts wie ihn, doch hat er auch Horaz übersetzt und neben vielen anderen, soeben noch, Gedichte von Antonio Machado. Die letzte Strophe der Horazschen Ode an Lenconoe beginnt mit der Mahnung zur Weisheit; daß der Mensch sich keiner trügerischen Hoffnung hingeben und die flüchtende Zeit nicht vergeuden solle. Das anschließende berühmte *Carpe diem* lautet in der Übersetzung Golo Manns: «Freue Dich heut'.» Aber dann folgt und steht da wie als Summe lebenslanger Erfahrung: «Traue dem Morgen kaum.»

In Golo Mann ehren wir einen großen Historiker und Schriftsteller, einen Mann von Skepsis, Vernunft und Gerechtigkeit. Die Begründung des Preis-Kuratoriums nennt ihn einen «Erneuerer» der großen Tradition deutscher Geschichtsschreibung und greift damit wohl voraus. Immerhin gibt es Anzeichen dafür, daß eine wachsende Zahl von Historikern sich der Verluste bewußt wird, die mit der Preisgabe dieser Tradition einhergegangen sind. Vielleicht ist einiges vom Verlorenen, dank der bewahrenden Anstrengung Golo Manns, doch noch zurückzuholen, zu unser aller Gewinn. Wir wünschten, es wäre so.

Editorische Notiz

«Pathetiker der Geschichte und Baumeister aus babylonischem Geist»: Vortrag unter dem Titel «Theodor Mommsen: Zwei Wege zur Geschichte», gehalten am 24. Juni 1982 vor der Berliner Wissenschaftlichen Gesellschaft. In gekürzter Form abgedruckt in der «Frankfurter Allgemeinen Zeitung» vom 31. Juli 1982.

Neben der vierbändigen, leider nicht ganz zu Ende geführten Darstellung von Lothar Wickert: «Theodor Mommsen. Eine Biographie», Frankfurt am Main 1959ff., wurden vom Verfasser vor allem herangezogen: Alfred Heuß: «Theodor Mommsen und das 19. Jahrhundert», Kiel 1956; Friedrich Gundolf: «Caesar im 19. Jahrhundert», Berlin 1926; Albert Wucher: «Theodor Mommsen. Geschichtsschreibung und Politik», 2. Aufl., Göttingen 1968; Friedrich u. Dorothea Hiller v. Gaetringen (Hrsg.): «Mommsen und Wilamowitz», Berlin 1935.

«Das tragische und wunderbare Schauspiel der Geschichte»: Nachwort zu Jacob Burckhardt: «Weltgeschichtliche Betrachtungen», veröffentlicht in der Reihe «Klassiker des modernen Denkens», Gütersloh 1987; anschließend in gekürzter Form erschienen in der «Frankfurter Allgemeinen Zeitung» vom 14. März 1987 unter dem Titel «Das tragische Schauspiel der Geschichte. Über Jacob Burckhardt und den ewigen Anachronismus des unabhängigen Denkens».

Unentbehrlich für die genauere Kenntnis von Leben und Werk Jacob Burckhardts ist die breit angelegte, materialreiche Darstellung von Werner Kaegi: «Jacob Burckhardt. Eine Biographie», Bde. I–VII, Basel 1947–1982.

An Primärquellen sind neben den in zahlreichen Ausgaben greifbaren Werken vor allem die Briefe wichtig, in denen Burckhardt mit dem ganzen Reichtum seiner Persönlichkeit sichtbar wird: «Briefe, Bde. I–VI. Vollständige und kritische Ausgabe. Mit Benützung des handschriftlichen Nachlasses bearbeitet von Max Burckhardt», Basel, Stuttgart 1949–1966. Eine wissenschaftliche, sehr fachliche Studie liegt von Wolfgang Hardtwig vor: «Geschichtsschreibung zwischen Alteuropa und moderner Welt. Jacob Burckhardt in seiner Zeit», Göttingen 1976. Kompetente biographische Skizzen stammen von Hermann Heimpel in: «Die großen Deutschen», Bd. IV, S. 11ff., und von Hanno Helbling in: «Die Großen der Weltgeschichte», Bd. VIII, S. 227ff.

«Der Historiker als Herr der Geschichte»: Laudatio, gehalten am 28. August 1985 in der Frankfurter Paulskirche aus Anlaß der Verleihung des Goethe-Preises an Golo Mann, veröffentlicht in der «Frankfurter Allgemeinen Zeitung» vom 31. 8 1985.

Der Beitrag von Christian Meier wurde eigens für diesen Band geschrieben.

Die Deutsche Bibliothek – CIP-Einheitsaufnahme

Fest, Joachim:
Wege zur Geschichte: über Theodor Mommsen,
Jacob Burckhardt und Golo Mann / Joachim Fest.
Mit einem Vorw. von Christian Meier. –
Zürich: Manesse Verlag, 1992
(Manesse Bücherei; Bd. 47)
ISBN 3-7175-8197-X
NE: GT

Buchgestaltung
Brigitte und Hans Peter Willberg, Eppstein